SPIS TREŚCI

1. Afrykańskie safari — 11
2. Wodospad na Nilu Błękitnym — 45
3. Dlaczego flamingi są różowe? — 71
4. Góry Semien — 93
5. Jeden dzień na Zanzibarze — 109
6. Żółwie z wyspy Gili — 129
7. Wyprawa na Komodo — 153
8. Straszliwe robale — 171
9. Świątynia Małp — 187
10. Czy boisz się hipopotama? — 207

CZEŚĆ!

To moja druga książka. Bardzo się cieszę, że znowu się spotykamy i mogę podzielić się z tobą moimi przygodami. W tej książce zabiorę cię do **Tanzanii**, **Boliwii** i **Indonezji**, a może pojedziemy też na chwilkę do **Etiopii**, aby dojść do pięknego wodospadu na **Nilu Błękitnym**, który nie jest aż tak błękitny ;)

Podróże to coś niesamowitego. Uwielbiam poznawać nowe miejsca, ludzi, zwierzęta i przyrodę. To tak jak odkrywanie skarbów. Jestem przekonana, że ty też bardzo to lubisz. Więc co? Jesteś gotowy na przygodę? No to w drogę! ;)

Nela

P.S. Zapraszam wszystkich do śledzenia moich przygód z podróży po świecie w **TVP 1** i **TVP ABC** oraz na **www.facebook.com/podrozeneli**. Czekam na wasze wiadomości!

O MNIE ;)

Nazywam się Nela i mam już dziewięć lat. Gdy miałam pięć lat, zaczęłam podróżować po świecie i nagrywać filmy. Moim idolem jest Steve Irwin i pragnę zostać prezenterką – podróżniczką. Byłam w wielu ciekawych krajach na różnych kontynentach. Na przykład w Afryce zwiedziłam Etiopię, Zanzibar, Tanzanię, Kenię **i ostatnio Mauritius**. W Azji – Tajlandię, Kambodżę, Malezję, Indonezję, Filipiny **i ostatnio też Wietnam**. W Ameryce Południowej – Peru, Boliwię i Chile (czytaj: Czile). Zapraszam cię w niezapomnianą podróż. Opowiem o pięknych miejscach, które poznałam, i o fascynujących zwierzętach, które zobaczyłam. Świat jest cudowny i oczami wyobraźni możesz ze mną podróżować oraz przeżywać wspaniałe przygody!

Afrykańskie safari

Jak się przygotować do afrykańskiego safari?

Przed wyjazdem trzeba trochę przeczytać o kraju, do którego jedziemy, no i oczywiście dowiedzieć się, na co zwrócić szczególną uwagę. Każdy kraj jest inny i może bardzo różnić się od Polski i od tego, co już znamy i do czego jesteśmy przyzwyczajeni. Ja dowiedziałam się, że w Afryce na sawannie trzeba bardzo uważać na muchy TSE-TSE. W takim razie ja na wyjazd wezmę:

- długie spodnie
- T-shirt i bluzkę z długim rękawem
- czapkę
- jakąś chustę chroniącą przed pyłem na drodze
- spray przeciw komarom i muchom tse-tse
- moskitierę i paletkę na muchy tse-tse
- no i oczywiście LORNETKĘ i APARAT ;)

AFRYKAŃSKIE SAFARI WSPOMINAM BARDZO MIŁO... A ZACZĘŁO SIĘ TO TAK...

Doleciałam na małe lotnisko w Tanzanii... Budynek, który nazywa się terminalem, wyglądał raczej jak blaszak z oknami. Pod sufitem wolno obracał się wiatrak. Było tak gorąco, że starałam się znaleźć jak najbliżej niego, aby mnie trochę ochłodził. Mówi się, że w Afryce czas płynie wolniej. Tak mi się też wydawało, gdy patrzyłam na ludzi, którzy sobie chodzili bez większego pośpiechu. Tu mówi się często: *pole, pole* (co w języku **suahili** znaczy „powoli, powoli" lub „spokojnie, spokojnie"). Ale ja nie mogłam usiedzieć spokojnie! :) Nie mogłam się doczekać, kiedy już wreszcie odlecę na sawannę. Pewnie ty też, tak samo jak ja, byłbyś niespokojny, prawda? Tyle zwierząt mogę zobaczyć, tyle czeka mnie przygód... A tu muszę siedzieć spokojnie, czyli *pole, pole...*

...i czekać na samolot, który zabierze mnie w samo serce Afryki... Uaaaaa! Już nie mogę wytrzymać, pomyślałam i spojrzałam na jedyny sklepik, który znajdował się w tym małym blaszaku.

To był sklepik z pamiątkami i książkami. Postanowiłam go odwiedzić w oczekiwaniu na mój samolot. Kiedy się coś robi, to czas zawsze mija szybciej. Chciałam kupić kredki do rysowania, bo wszystkie ostatnio oddałam dzieciom z afrykańskiej szkoły.

EUROPA

Afryka

TANZANIA

Ocean Atlantycki

Ocean Indyjski

Jeżeli już się spakowałeś, to możemy wyruszać po superprzygodę!

– *Hello. Do you have crayons?* (Dzień dobry. Czy ma pan kredki?) – spytałam.
– *Crayons?* (Kredki?) – zdziwił się sprzedawca.
– *No, I'm sorry I don't have...* (Przykro mi, nie mam...). – odpowiedział.

Jakie to niezwykłe... To był już trzeci lub czwarty sklepik, gdzie pytałam. I ciągle nie było kredek. To dziwne uczucie... Rozdałam wszystkie kredki, a teraz sama nie mam czym rysować...

No tak. Mogłam się domyślić, że w Afryce będzie problem z zakupem kredek. Ale trudno, jakoś sobie poradzę. Cieszę się, że inne dzieci będą mogły rysować moimi kredkami, pomyślałam.

Kupiłam więc dużą książkę (grubą na 3 centymetry!) w języku angielskim. A wiesz, o czym jest ta książka? O zwierzętach żyjących w Oceanie Indyjskim ;)

To jest mój ZEBROSAMOLOT

    Lecz dopiero kiedy ją kupiłam, zaczęłam się zastanawiać, jak ja ją będę dźwigać ;) No cóż... trochę podźwigam. Ale takiej książki w Polsce na pewno nie kupię... więc warto ;)
    Zastanawiałam się, jak zmieścić książkę w moim plecaku, kiedy usłyszałam huk. Wiedziałam, że nadlatuje mój samolot! I szybko podbiegłam do okna, żeby zobaczyć, jak ląduje.
    Samolot był mały. Ale nie był to taki zwykły samolot, którym lata się gdzieś daleko. Tak na oko mieściło się w nim tylko kilka osób.
    Pomyślałam, że to typowo afrykański samolot. Bo ogon miał w czarno-białe paski i wyglądał jak ZEBRA. Miał też śmigła jak wąsy i różową kropkę na nosie. Pomyślałam, że wygląda jak zebra pomieszana z gepardem.
    Wsiadłam do samolotu, zapięłam pasy i nagle samolot wystartował. Leciałam i leciałam, i leciałam. Podróż zajęła może z godzinę, ale ten czas minął mi bardzo, bardzo szybko, bo wyglądałam przez okno i widziałam piękne widoki.

A WIESZ, ŻE W TANZANII NIE MA TAKICH ZWYKŁYCH PÓR ROKU JAK U NAS, W POLSCE?

Nie ma wiosny, lata, jesieni i zimy. Są za to pora sucha i pora mokra. Zobacz:

PORA SUCHA

W porze suchej rzadko pada deszcz. Są miesiące, kiedy deszcz prawie w ogóle się nie pojawia i cały czas świeci słońce. Nazywamy je porą suchą. Trawa wtedy wygląda jak słoma, a zwierzęta szukają drzew, żeby odpocząć w ich cieniu.

PORA MOKRA

A w porze mokrej pada dużo deszczu i wszystko jest zielone. Piaszczyste drogi sawanny robią się drogami błotnymi, po których bardzo trudno się jeździ. Niełatwo zwiedzać sawannę w porze mokrej.

A wiesz, że na sawannie nigdy nie pada śnieg? ;) Jak myślisz: dlaczego? ;)

Małe słonie i małe żyrafy. Oczywiście, słonie i żyrafy były tak naprawdę dorosłe i duże. A wydawały mi się malutkie, bo były bardzo, bardzo daleko. Z daleka wszystko wydaje się dużo mniejsze, niż jest w rzeczywistości.

A wiesz, że sawanna to baaardzo duży teren porośnięty trawą? Rośnie tam mało drzew i krzaków, dlatego też jest niewiele cienia. Zwierzęta, które tu mieszkają, musiały się przystosować do takich warunków. Muszą wiedzieć, gdzie szukać wody, kiedy jej zabraknie w porze suchej. Muszą też wiedzieć, gdzie szukać cienia i jak się ochładzać.

Leciałam nad sawanną i zastanawiałam się, co ja tutaj zobaczę... może słonia, lwa lub żyrafę? Bardzo bym chciała zrobić im zdjęcie... A ty? Jakie dzikie zwierzę chciałbyś tu zobaczyć?

Na pewno nie tygrysa, bo tygrysów tutaj nie ma. One żyją tylko w Azji. Pamiętasz to, prawda? Tygrysy żyją w Azji, a lwy – w Afryce. To są zwierzęta, które nigdy na wolności się nie spotkają, wiesz? Tylko w zoo. Dlatego, że żyją w zupełnie innych miejscach na świecie.

A zastanawiałeś się kiedyś, co powiedziałby tygrys, gdyby zobaczył lwa?

– Ej, no co ty? Paski zgubiłeś i broda ci wyrosła??????? ;)

A lew do tygrysa:

– Ej, no co ty? W co ty się ubrałeś??????? W piżamę????? ;) I grzywę zgoliłeś??????

Oczywiście żartuję. One od razu by poznały, że należą do różnych gatunków ;)

Samolot powoli zaczął się zniżać do lądowania. Wyjrzałam przez okno. Zobaczyłam długi pas ubitej czerwonej ziemi. Tu będziemy lądować – pomyślałam. Dookoła nas nie było terminalu, biura, żadnego budynku. Z boku stała sobie jakaś drewniana budka. Nie miała nawet drzwi czy okien... To jest chyba poczekalnia – pomyślałam i powędrowałam w jej kierunku.

Stanęłam, zamknęłam oczy i wzięłam głęboki oddech. Poczułam suchy zapach sawanny. Słońce było pomarańczowe, co sprawiało, że ziemia dookoła mnie wydawała się jeszcze bardziej czerwona. Wiał lekki wiaterek, ale taki ciepły i miły.

Rozejrzałam się dookoła i zobaczyłam, że właśnie podjechał JEEP. Wysiadł z niego RANGER, czyli taki strażnik parku, i pomachał do nas.

Ale super! To na pewno po nas! – pomyślałam i podbiegłam do samochodu.

A wiesz, że to nie był taki zwykły samochód? Był bardzo śmieszny, bo miał podnoszony cały dach. Dzięki temu można było stanąć w samochodzie i się rozglądać. Mogłam zobaczyć wszystko dookoła. Zobacz, taki właśnie był widok. Fajnie, prawda?

W sam raz na obserwację dzikich zwierząt na sawannie. No to co? Bagaże zapakowane? Aparat gotowy? No to w drogę! ;)

Wyruszyliśmy. Droga była sucha, usypana z kamieni i piachu. Było tak sucho, że musieliśmy jechać bardzo wolno, bo za nami podnosiły się kłęby kurzu... Nagle samochód zahamował.

– *What's happened?* (Co się stało?) – zapytałam rangera.

– *Bird on the road* (Ptak na drodze) – odpowiedział. – *Look! It's Lilac!* (Popatrz, to lilak!).

Zobacz, to jest właśnie lilak. To piękny ptaszek, który ma wiele, wiele kolorów. Akurat kąpał się w piasku na drodze i nie chcieliśmy mu przeszkodzić ;) Na sawannie jest dużo lilaków.

Staliśmy więc na drodze i czekaliśmy, aż ptaszek skończy się kąpać, a ja rozglądałam się dookoła. Zaraz po prawej stronie samochodu zobaczyłam dzioborożce spacerujące po suchej trawie.

– Jeju! – powiedziałam. – Jakie one są duże!

Zobacz, to dzioborożce. Mają ogromne dzioby. Zjadają owady, owoce, nasiona, ale najchętniej polują na węże!

To piękne zwierzęta, ale najbardziej zależy mi na znalezieniu króla sawanny, czyli lwa. Też chciałbyś zobaczyć

A wiesz, że samiec dzioborożca zamyka samicę w gnieździe?

Na czas wysiadywania jaj samiec dzioborożca zamurowuje samicę w gnieździe. Buduje dziobem ściankę z gliny, odchodów i śliny. Ta ścianka wysycha i robi się twarda. W ten sposób samica i młode są chronione. Samiec zostawia jednak w ściance mały otwór, przez który cały czas karmi młode i ich mamę. A jak pisklaki są już wystarczająco duże, samica rozkuwa ściankę dziobem i wychodzi.

W gnieździe zostają pisklaki, które mama i tata ponownie zamykają. W środku musi być bardzo ciemno, bo światło dostaje się tylko przez malutki otwór do karmienia. Ale w ten sposób młode są bezpieczne i ukryte przed drapieżnikami!

dzikiego lwa? Takiego, który nie mieszka w zoo, ale w Afryce, i poluje na dzikie zwierzęta? Ja bardzo...

Wypatrywałam lwów przez moje obserwatorium z podnoszonym dachem. Ale nie było po nich ani śladu. Chociaż... może i były, ale ja ich nie widziałam. Trawa na sawannie była złota jak słoma. Właśnie taki kolor mają też futra lwów... Pora sucha to dla lwów świetny czas na polowania. Stają się niewidzialne, bo wtapiają się w kolor traw ;)

A ciekawe, jak lwy sobie radzą w porze mokrej... Przecież nie zmieniają koloru futra na zielony, prawda? ;) Żartowałam. W porze mokrej po prostu trawa jest zielona, ale wyższa, więc lwy potrafią się w niej ukryć ;)

– No dobra... ciiiiiiii...! Coś zobaczyłam! – powiedziałam po cichu i wyciągnęłam lornetkę.

Popatrz, co dostrzegłam przez lornetkę.

Widzisz coś? Powiem ci, że to duże zwierzę, które tam stoi, na pewno ciebie widzi ;)

Jeżeli nie zauważyłeś niczego na poprzednim zdjęciu, to zróbmy przybliżenie. A teraz widzisz?

To przecież słoń! Prawie go nie widać! Taki duży, a tak potrafi się ukryć!

Takie jest właśnie życie na sawannie. My, ludzie, nie jesteśmy przyzwyczajeni do ukrywania się. Nie boimy się chodzić po ulicy. Nie myślimy, że coś nas może zaraz zaatakować, i się nie chowamy, prawda? A zwierzęta na sawannie, aby przetrwać, muszą wiedzieć, jak się ukryć, kiedy stanąć nieruchomo i jak się nie dać zjeść. To straszne prawo dziczy!

Jechaliśmy dalej. Rozglądałam się dookoła i co chwilę widziałam biegnące żyrafy. A wiesz, co jest najbardziej niesamowite w widoku biegnących żyraf? To, że wyglądają tak, jakby biegły w zwolnionym tempie. Widziałeś kiedyś film

Malutkie żyrafki są przesłodkie.

Ale nie są supermalutkie ;) Noworodek żyrafy może mierzyć nawet 2 metry, wiesz? To tyle, ile bardzo wysoki dorosły człowiek. Ja mam 130 centymetrów i myślę, że sięgałabym małej żyrafce do szyi ;) Ale do którego miejsca szyi...? No, to już można zmierzyć na moim żyrafomierzu ;) Ty też możesz się zmierzyć!

ŻYRAFOMIERZ

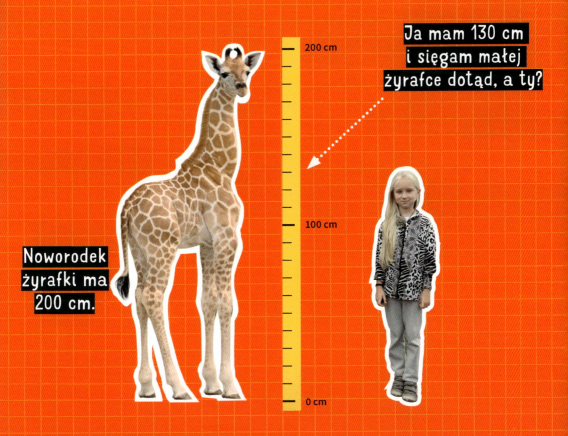

Noworodek żyrafki ma 200 cm.

Ja mam 130 cm i sięgam małej żyrafce dotąd, a ty?

A WIESZ, ŻE ŻYRAFA TO NAJWYŻSZE ZWIERZĘ NA ŚWIECIE?

Może mieć nawet do 6 metrów. To tak, jakbyś wszedł na drabinę na wysokość pierwszego piętra!
A wyobrażasz sobie, jakbyś się czuł, gdybyś miał szyję tak długą jak żyrafa? Trochę trudno to sobie wyobrazić… Ale wiesz co? Wydaje mi się, że żyrafa też sobie nie wyobraża, że mogłaby mieć taką krótką szyję jak my, ludzie ;) Dla niej to my jesteśmy dziwni ;)

CZY ŻYRAFA MA ROGI?

To nie są takie typowe rogi, jakie widzimy na przykład u krowy. To są kości czaszki w kształcie rogów, które są pokryte skórą i sierścią.

Żyrafa to ciekawskie, ale płochliwe zwierzę. Przed lwami broni się ucieczką i kopniakami.

puszczony w zwolnionym tempie? To właśnie tak wygląda biegnąca żyrafa. Coś naprawdę niesamowitego! Super!

Co chwilę w krzakach lub przy drzewach dostrzegałam stojącą, nieruchomą żyrafę. Teraz już wiem, jak ich wypatrywać. Wyglądają naprawdę pięknie! A ich długie szyje sięgają prawie po czubki drzew. To niesamowite, że przyroda stworzyła takie zwierzęta, prawda?

Żyrafy przyglądały się nam dłuższą chwilę, ale po pewnym czasie chyba doszły do wniosku, że już sobie pójdą, gdyż odeszły w zarośla.

– Żegnajcie, żyrafki! – powiedziałam i pomachałam ręką. Ruszyliśmy dalej.

Stałam w samochodzie, bo dzięki podnoszonemu dachowi mogłam sobie spokojnie stać i wyglądać. Musiałam się mocno trzymać, bo samochód, pomimo że jechał wolno, co jakiś czas wpadał w głębokie dziury.

Nagle zobaczyłam, jak do samochodu wleciała mucha TSE-TSE. Wyglądała jak polska końska mucha, ale wydawała się mądrzejsza, bo od razu zaczęła nas atakować w odkryte miejsca. Szybko założyłam bluzkę z długim rękawem i popsikałam się sprayem przeciw muchom. Ranger też zaczął się odganiać, a po chwili wytłumaczył, że jedno ugryzienie nie jest groźne. Ale należy uważać, by nie ugryzło cię dużo much TSE-TSE naraz.

No tak... lepiej uważać – pomyślałam. Czytałam kiedyś, że te muchy przenoszą chorobę nazywaną śpiączką afrykańską. Mnie na szczęście żadna mucha nie ugryzła, więc nie będę się bała iść spać... ;) Na szczęście, nie we wszystkich miejscach na sawannie występują te muchy. Są to tylko niektóre obszary, które trzeba po prostu szybko przejechać.

Jechałam i wyglądałam z mojego obserwatorium. Bardzo chciałam zobaczyć króla sawanny. Wiesz, o kogo chodzi, prawda? O lwa! A wiesz, dlaczego lwa nazywa się królem? Dlatego że jest najgroźniejszym drapieżnikiem na sawannie.

Żadne zwierzę mu nie zagraża, za to każde zwierzę się go boi.

Dlatego właśnie jest królem. Może sobie spokojnie leżeć w cieniu drzew i spać. Nie bać się, że coś go zaatakuje. Kiedy inne zwierzęta bardzo ostrożnie chodzą, uważając, żeby nic ich nie zaatakowało, lew śpi sobie w najlepsze!

Jechałam dalej i mijałam ogromne termitiery, stado antylop gnu i gazeli kudu. A tu nagle, nie wiadomo skąd, przez drogę przebiegło nam stado zebr! Ale to był widok! Mówię ci, super! To piękne, że są takie miejsca na ziemi. Zupełnie dzikie. Gdzie człowiek jest tylko gościem i musi się wtopić w świat zwierząt.

Zebry to zwierzęta, które żyją w stadach. Są bardzo płochliwe. Kiedy jedna się przestraszy i zacznie uciekać, inne pobiegną za nią „na wszelki wypadek". W stadzie czują się bezpieczniej, bo myślą, że trudniej je wtedy zaatakować.

Niektórzy się zastanawiają, czy zebra jest biała w czarne paski, czy czarna w białe paski ;) Jak myślisz?

Niektórzy się zastanawiają, czy zebra jest **biała w czarne paski, czy czarna w białe paski ;)** Jak myślisz?

Czytałam, że pewni naukowcy, którzy przyglądali się zebrom, powiedzieli, że jest czarna w białe paski, ale ja sama nie wiem... A ty jak sądzisz? Przyjrzyj się zebrze i spróbuj rozwiązać tę zagadkę.

I co, znasz już odpowiedź? ;) Ja nie wiem do końca, jak to jest. Ale jedna rzecz jest pewna. Nie ma na świecie dwóch identycznych zebr! Każda zebra jest inna. Popatrz na te dwie zebry. Widzisz, że na pierwszy rzut oka obie wyglądają tak samo? Ale nie są takie same. Różnią się od siebie ułożeniem pasków. Widzisz?

Jedziemy dalej. Zebry już pobiegły daleko w trawy sawanny. Tylko przez chwilę jeszcze widać było ich czarno-białe pupy i ogonki. Ale po chwili już całkiem zniknęły.

My natomiast powinniśmy stanąć na chwilę na odpoczynek. Jest już połowa dnia, więc czas na obiad ;) Tylko gdzie tu się zatrzymać na sawannie? Trzeba znaleźć takie miejsce, żeby żadne zwierzę nas nie zaatakowało. Ranger wie doskonale, jak zachować ostrożność, i szuka drzewa położonego na środku dużego pustego terenu.

– *I can see one!* (Widzę jedno!) – krzyknęłam. – *Is this baobab OK?* (Czy ten baobab jest OK?).

– *Yes* (Tak) – odpowiedział ranger i skierował jeepa w kierunku baobabu.

Podjechaliśmy.

– Uaaaa... Jaki on jest ogromny... – powiedziałam.

Ranger zaczął okrążać baobab. Jeździł w kółko... Dookoła drzewa. Ale zaraz... Po co tak jeździł? Zaczęłam się zastanawiać... i chyba zrobiłam dziwną minę, bo ranger od razu to zauważył i wyjaśnił:

– *We need to check the safety.* (Musimy sprawdzić, czy jest bezpiecznie).

Aaaaa... już rozumiem... ;) Chodzi o to, żeby kilka razy okrążyć drzewo i sprawdzić, czy nie leży pod nim jakiś drapieżnik... No tak, bo dziwnie bym się poczuła, gdybym wysiadła z jednej strony drzewa, a po drugiej stronie leżałoby stado lwów... Myślę, że nawet bardzo dziwnie...

Lepiej sprawdzić trzy razy niż o jeden raz za mało... ;)

Zobacz, to jest baobab ;)

W niektórych baobabach, które są puste w środku, można stworzyć domek. Niektórzy robią w nich na przykład barki lub restauracje :)

Ja chciałabym zrobić sobie domek w takim baobabie. A ty? Najlepiej ze schodkami na górę i widokiem na sawannę. Mogłabym obserwować zwierzęta w dzień i w nocy ;)

Średnica baobabu może mierzyć nawet 10 metrów! To bardzo, bardzo dużo!

Ranger opowiedział mi pewną legendę.

Podobno dawno, dawno temu ktoś postanowił zasadzić drzewo do góry nogami. Drzewo się zdziwiło i bardzo chciało odwrócić się z powrotem. Złapało dużo powietrza i robiło się coraz grubsze i grubsze… Ale nie udało mu się nigdy obrócić. Za to rosło coraz większe i większe… i tak powstał baobab. Ciekawe opowiadanie, ale wydaje mi się mało prawdziwe. A tobie? ;)

To jest bardzo grube drzewo. Jedno z najgrubszych drzew na świecie, wiesz?

Żeby obejść baobab dookoła, musiałam zrobić aż 40 dużych kroków ;)

Trudno też byłoby objąć baobab. Aby to zrobić, musiałoby stanąć dookoła niego 40 dzieci i podać sobie ręce. Wyobrażasz to sobie?

A wiesz, dlaczego baobab jest taki gruby? Podpowiem ci: to jest drzewo, które żyje na sawannie. Jak już mówiłam, na sawannie występuje pora sucha, czyli taki czas, kiedy deszcz prawie nie pada, a słońce świeci bardzo, bardzo mocno. A baobab musi przecież coś pić! Więc w porze mokrej nabiera dużo wody, którą trzyma w swoim grubym pniu. W ten sposób może przetrwać! Widać, że każdy organizm wypracował sobie jakiś sposób przetrwania, nawet drzewo, prawda?

Wysiadłam z samochodu. Ranger wyjął z bagażnika przenośną lodówkę, w której miał kanapki, owoce, no i picie. Oooo, jak super... – pomyślałam. Woda to jest to, czego mi naprawdę teraz potrzeba! Uśmiechnęłam się i podeszłam do lodówki.

– *Where are the lions?* (Gdzie są lwy?) – zapytałam rangera.

– *Not here.* (Nie tutaj). *But not far from here...* (Ale niedaleko stąd...) – powiedział i uśmiechnął się tajemniczo. Wskazał ręką przed siebie i dodał: – *They are closer to the water.* (One są bliżej wody).

Patrzyłam w miejsce, które wskazał ranger, ale nic takiego nie widziałam.

Hm... – zamyśliłam się. Mam nadzieję, że je znajdziemy. Bardzo lubię koty, nawet takie dzikie, i bardzo chciałabym je zobaczyć.

Skończyłam posiłek. Ranger schował lodówkę do bagażnika i ruszyliśmy dalej. Trzymałam w ręku moją lornetkę

i co jakiś czas (jak mniej trzęsło) starałam się wypatrywać lwów. To może być trochę trudne, bo przecież ich sierść jest w kolorze słomianej trawy. Właśnie takiego koloru, który otaczał mnie dookoła. Myślę, że skoro nie udało mi się od razu zobaczyć słonia ani żyrafy, to z lwem, który jest przecież dużo mniejszy, będę miała prawdziwy problem...

Nie minęła chwila, a ranger powiedział:

– *Lion!* (Lew!).

– Lew! – krzyknęłam, przejęta. Mówiłam dość cicho, ale chyba niepotrzebnie. Lwy to nie są gazele i nikogo się nie boją. Leżały sobie, niewzruszone naszą obecnością. Można powiedzieć, że smacznie spały i wyglądały jak pluszaki. Miały takie słodkie miny, jakby mówiły: chodź do mnie i mnie przytul... Na szczęście wiem, że lwy są groźne, więc nie miałam zamiaru do nich podchodzić. Tym bardziej do takich dzikich, które myślą tylko o tym, by upolować sobie posiłek!

Lwy to jedyne koty na świecie, które tworzą grupy.

A wiesz, że lew to straszny śpioch? Może przespać większość dnia i nocy. Wystarczą mu tylko 4 godziny aktywności dziennie.

Dawno, dawno, dawno temu lwy oprócz Afryki zamieszkiwały też Azję, a nawet Europę. Ale dziś można je spotkać wyłącznie w Afryce. W Europie i Azji zobaczymy je tylko w zoo.

Lwy polują w grupach. Jedna lwica zagania zwierzę z jednej strony, a druga lwica atakuje z drugiej strony.

Przyglądałam się lwom. Były super. Widziałam kilka lwic, ale też młodego samca. Poznałam go po małej grzywie, która zaczynała mu rosnąć. Bo wiesz, że małe lwiątka, kiedy się rodzą, nie mają od razu grzywy? Grzywa zaczyna wyrastać samcom dopiero, kiedy dorosną.

Nareszcie... Lwy... Przyglądałam się im, a one sobie spały i spały. To chyba jedyne zwierzęta, które przed nami nie uciekały! Dzięki temu udało mi się zrobić dużo fajnych zdjęć, zobacz ;)

Zaczęło już robić się ciemno. Słońce powoli zachodziło... Nie będę ci opowiadać, jaka na sawannie jest noc. Tak ciemna, jakbyś zamknął oczy i długo ich nie otwierał. Wiesz dlaczego? W pobliżu nie ma żadnych miast, które nawet z daleka oświetlałyby niebo. Droga nie jest oświetlona, nie ma latarni... Niczego... Musimy się spieszyć, bo zostaniemy tylko my, ciemność i dzikie zwierzęta poukrywane w krzakach. Hm... Chyba naprawdę lepiej się pospieszyć...

Dojechaliśmy na camping. Witali nas mili ludzie, a ranger zaprosił nas do namiotów. Ale zaraz... – pomyślałam. Namioty na sawannie? To chyba jakieś nieporozumienie...? – zdziwiłam się.

Ale faktycznie tak było. I nie było to żadne nieporozumienie! Pośrodku sawanny, w ciemności, stały ogromne namioty. Camping nie był nawet ogrodzony siatką. Każde zwierzę mogło sobie swobodnie wejść, pospacerować i wyjść. Spytałam rangera, czy przychodzą tu zwierzęta. Powiedział, że zdarzało się – kiedyś podeszły słonie...

No ładnie! – pomyślałam zmartwiona. Mam nadzieję, że żadne zwierzę mnie w nocy nie odwiedzi! ;)

Ranger zaprowadził nas do namiotów przygotowanych dla gości. Weszłam i nie mogłam uwierzyć własnym oczom... Bo nie był to taki zwykły namiot, pod który jeździłam w Polsce z rodzicami, ale wysoki jak mały domek! W środku były normalne łóżka, poduszki i świeżutka pościel. Na ziemi leżał dywan. Były nawet szafa i piękny żyrandol.

– Ojej! – krzyknęłam z zachwytu. – Jak tu pięknie! Nie spodziewałam się ;)

Zaczęłam chodzić po namiocie i przecierać oczy ze zdziwienia.

Naprawdę wspaniale tu traktują gości. Pierwszy raz w życiu widzę coś takiego i pierwszy raz w życiu będę nocować w takim namiocie! – cieszyłam się.

Ale zachwyt na szczęście nie uśpił mojej czujności.

Zaczęłam zapinać namiotowe okna na suwak. Ale był to tylko zwykły suwak... Taki, jaki mamy w kurtkach... Popatrzyłam na niego i powiedziałam:

– No nie... Przecież to mnie nie obroni przed lwem!

Po chwili usłyszałam dziwny odgłos. Dochodził z góry. No nie... tego jeszcze nie widziałam! Na żyrandolu siedziała jaszczurka. A obok niej co? Nie zgadniesz... ŻABA! Co żaba robi na żyrandolu? No i jak tam weszła???? Widać, że ja w tym namiocie jestem tylko gościem i jest on już od dawna zamieszkany na stałe ;)

Nadeszła pora, by iść spać. Chociaż powiem ci szczerze, że wybrałam łóżko najdalej od wejścia i dopóki nie usnęłam, cały czas nasłuchiwałam różnych dźwięków i odgłosów. No i wyobrażałam sobie, ile dzikich zwierząt przechodzi niedaleko mnie...
Dobranoc!

MOJA MYŚL PO PRZYGODZIE NA SAWANNIE:
(Czy w namiocie, czy pod chmurką,
i tak będziesz spać z jaszczurką... ;)

Wodospad na Nilu Błękitnym

Dziś jeszcze pozostaniemy w Afryce. Zmienimy jednak kraj, bo pojedziemy do Etiopii. W Etiopii przeżyłam wiele ciekawych przygód, a teraz opowiem ci o jednej z nich, a mianowicie o podróży do wodospadu na Nilu Błękitnym.

Może zacznę od tego, że kiedyś, bardzo dawno temu, nikt nie wiedział, gdzie tak naprawdę zaczyna się Nil.

Początków Nilu szukali więc naukowcy. Chodzili po dzikich terenach i zagłębiali się daleko w puszczę. Badali również jeden z dopływów Nilu, czyli Nil Błękitny, i odnaleźli jego źródło właśnie tutaj, w Etiopii…

Zanim Nil trafi do morza, pokonuje wiele przeszkód i tworzy wodospady. Jednym z nich jest przepiękny wodospad Tys Ysat (czytaj: Tissat), nazywany też **DYMIĄCĄ WODĄ**. Jest to drugi co do wielkości wodospad w Afryce – ma aż 42 metry! To właśnie jeden z celów mojej podróży. Chcę do niego dotrzeć, żeby móc ci o tym opowiedzieć.

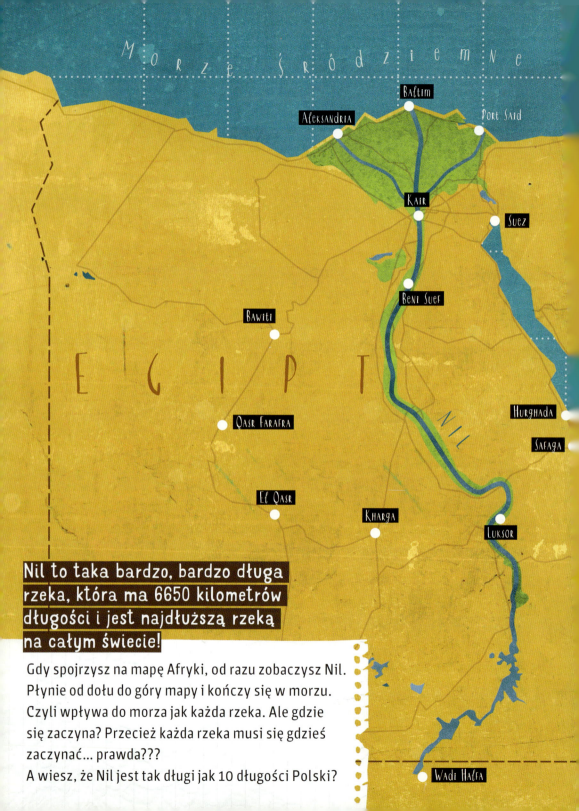

Nil to taka bardzo, bardzo długa rzeka, która ma 6650 kilometrów długości i jest najdłuższą rzeką na całym świecie!

Gdy spojrzysz na mapę Afryki, od razu zobaczysz Nil. Płynie od dołu do góry mapy i kończy się w morzu. Czyli wpływa do morza jak każda rzeka. Ale gdzie się zaczyna? Przecież każda rzeka musi się gdzieś zaczynać... prawda???
A wiesz, że Nil jest tak długi jak 10 długości Polski?

A więc zaczęło się to tak...

Stałam w nocy w autokarze na jedynej drodze, którą mogłam przejechać przez środek Etiopii. Musisz wiedzieć, że w Etiopii nie ma wielu dróg i ulic takich jak w Polsce. Jeżeli jakaś droga stanie się nieprzejezdna, to już koniec. Stoisz, czekasz i nic nie poradzisz. Masz tylko do wyboru: albo powrót tą samą drogą, albo czekanie. To właśnie mi się przydarzyło. Moja droga była zalana.

Pora mokra oznacza dużo deszczów. Podnoszą one poziom wody w rzekach, a te wtedy wylewają. Tutaj, gdzie akurat jestem, pobliska rzeka wystąpiła z brzegów i zalała jedyną drogę, jaką mogliśmy przejechać.

Czekaliśmy tak kilka godzin. Nasza droga z minuty na minutę zamieniała się w porywisty potok. Baliśmy się przejechać, bo wtedy woda mogłaby nam zalać silnik. Gdyby zgasł, utknęlibyśmy w rzece na dobre. Woleliśmy więc stać przed rzeką, a nie w rzece…

Patrzyłam przez okno. Mijały nas ogromne tiry, które były na tyle duże i wysokie, że nie bały się wody.

Chyba musimy tu nocować, pomyślałam. Bo nic nie wskazywało na to, że woda może opaść. Nie było też żadnych domów, żadnych miasteczek dookoła, gdzie moglibyśmy iść spać. Tylko pola, ciemność i zalana droga… No to będziemy spać w busie, stwierdziłam.

Minęło tak kilka godzin. Kierowca chyba postanowił zaryzykować przejazd, bo zaczął ochraniać silnik i przy czymś majstrować.

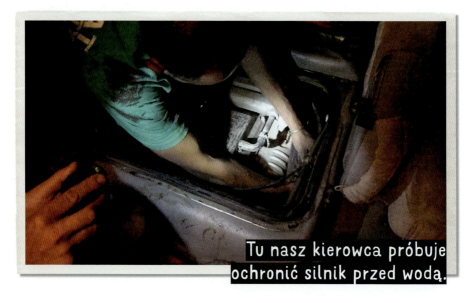

Tu nasz kierowca próbuje ochronić silnik przed wodą.

Mam nadzieję, że damy radę przejechać, pomyślałam, i nagle nasz bus ruszył. Jechaliśmy powoli... powoli, a ja wyglądałam przez okno i patrzyłam, jak nasze koła coraz bardziej zagłębiają się w wodę.

Ale, ufff... Udało się... Przejechaliśmy. To oznaczało, że uda nam się dotrzeć do naszego hotelu! Pozostała nam jeszcze tylko godzina drogi. Nasz kierowca był wyraźnie zmartwiony. W Etiopii jest taka zasada, że nie jeździ się samochodem po zmroku. To dlatego, że wtedy jest niebezpiecznie. Drogi nie są oświetlone. Trzeba jechać bardzo wolno, bo nie wiadomo, czy na drodze nie będzie leżał jakiś ogromny głaz, który oderwał się od skał. Drogą mogą też iść ludzie albo zwierzęta.

Ruszyliśmy. Patrzyłam przez okno, ale prawie nic nie widziałam. Było bardzo, bardzo ciemno. Droga mijała mi więc w wielkich ciemnościach. Nagle autobus stanął. Kierowca otworzył drzwi, do których z ciemności przybiegli dorośli i dzieci. Kiedy staje jakiś autobus z turystami, zawsze zbiegają się ludzie, którzy są nas ciekawi, i obserwujemy się nawzajem. Z reguły próbują coś sprzedać, ale teraz po prostu na nas patrzyli...

Wszyscy zaczęli się pakować, żeby wyjść z autokaru i spędzić noc w hotelu. Zeszłam po stopniach i weszłam w błoto... O nie! Było tak ciemno, że nie zauważyłam, jak dużo błota jest na ulicy. Nie wyjęłam swojej latarki i nie mogłam sobie przyświecić.

Kiedy staje jakiś autobus z turystami, zawsze zbiegają się ludzie, którzy są nas ciekawi, i obserwujemy się nawzajem.

Po omacku odnalazłam kawałki ułożonej tektury, po której przeszłam dalej do budynku.

Weszliśmy do środka. Budynek w żaden sposób nie przypominał takiego hotelu, jakie są w Polsce. Ale na szczęście był murowany ;) Było strasznie ciemno. Brakowało prądu, no i oczywiście światła... Wzięłam swój plecak i powędrowałam za miłą panią, która ze świeczką w ręku prowadziła nas do pokoju.
Na szczęście, w plecaku mam latarkę, pomyślałam.
Szłam po schodach na drugie piętro, po ledwo oświetlonych stopniach. Stawiałam kroki ostrożnie, żeby nie polecieć do tyłu z moim ciężkim plecakiem. Pani otworzyła drzwi do pokoju i zaprosiła nas do środka. Potem z uśmiechem na twarzy pożegnała nas, wyszła i zabrała ze sobą jedyne źródło światła... czyli świeczkę.
Z korytarza dodała jeszcze:
– *Breakfast tomorrow at five*, (Śniadanie jutro o piątej). – Po czym zniknęła.
Rzuciłam się pędem na mój plecak, w którym gdzieś miałam latarkę. Szukałam, szukałam, ale nie mogłam jej znaleźć. Wszystko po omacku... ale... ooo... chyba mam ;) Tak! Znalazłam! Włączyłam latarkę i rozpoczęłam zwiedzanie pokoju. Nie był duży. Mieściło się w nim tylko jedno łóżko. Świeciłam po ścianach i szukałam robaków. Na szczęście, żadnego nie było... Chyba było za zimno na robaki...
– Brrr... Strasznie zimno – powiedziałam i zaświeciłam w kierunku okna. To było małe okno wychodzące na ulicę,

którą przyjechałam. Miało dużo dziur, a ze szczelin wlatywało zimne powietrze. Noc była coraz chłodniejsza i robiło się naprawdę bardzo, bardzo zimno…

Dziwne, pomyślałam. Przecież jest sierpień, lato. W Polsce latem jest bardzo ciepło i chodzi się w krótkich spodenkach i bluzkach z krótkim rękawkiem, a nawet kąpie w jeziorach. A tutaj? Jest tak zimno, że aż muszę włożyć kurtkę!

Kiedyś ktoś powiedział, że w Afryce zawsze jest ciepło. Ale to nie jest do końca prawda. W Afryce nawet w lecie potrafi być zimniej niż w Polsce. Wszystko zależy od tego, na jakiej wysokości się znajdujesz, bo im wyżej, tym oczywiście chłodniej. Nawet w Afryce.

Ja musiałam być naprawdę wysoko, bo noc okazała się dla mnie prawdziwym wyzwaniem.

Próbowałam zatkać dziury w oknach, ale i tak było zimno. Muszę się ciepło ubrać, pomyślałam. Może to mi pomoże! Ubrałam się więc we wszystko, w co tylko mogłam: legginsy, spodnie, kilka bluzek, bluzę i kurtkę. Położyłam się pod kocem i chciałam jak najszybciej zasnąć. Było mi tak zimno, że nawet te wszystkie ciuchy, które na siebie włożyłam, mi nie pomagały… Na szczęście szybko usnęłam.

Nasz przewodnik i kierowca obudzili nas wcześnie rano. Oczywiście znowu było ciemno, bo słońce jeszcze nie wstało. Musiałam spakować się po omacku, przyświecając sobie tylko latarką, i zejść na śniadanie. W pokoiku na parterze czekała na nas miła uczta. Ustawiono tam długi stół

i pozapalano świeczki. Mieliśmy do wyboru owsiankę, omlet albo tosty z masłem lub dżemem. Zjadłam, ile mogłam, i pragnęłam już tylko wejść do autokaru, żeby dalej spać. Jak planowałam, tak zrobiłam ;)

Obudziłam się kilka godzin później. Było jasno, świeciło słońce, a w autokarze leciała miła etiopska muzyka. Nawet sobie nie wyobrażasz, jak fajne mogą być etiopskie piosenki! Ja sobie przywiozłam płytę z nagraniem właśnie tej muzyki z autokaru. Wyjrzałam przez okno i zobaczyłam niesamowity widok. Pola, łąki i pagórki były zielone, ale tak zielone, że nigdy aż tak pięknej zieleni nie widziałam! Musiałam wyjąć aparat i zrobić zdjęcie. Wszystko wyglądało jak pomalowane jaskrawą zieloną farbą.

– Ojej… – zachwyciłam się. – Jaka ta Etiopia jest piękna…

Po drodze mijaliśmy małe drewniane chatki. Właśnie tak wygląda życie w Etiopii, widzisz?

Większość domów zbudowana jest z patyków albo z gliny, a dachy pokryte są słomą. To są właśnie typowe etiopskie domy. Tak mieszka tu większość ludzi.

Postanowiliśmy stanąć po drodze i zobaczyć, jak taki dom wygląda od wewnątrz. Gospodyni była bardzo miła i pozwoliła nam wejść do środka. Jej chata zbudowana była z błota i odchodów zwierząt. Ściany były bardzo mocne i wcale nie śmierdziały. Myślałam, że takie domy brzydko pachną. Ale nie... nie było nieprzyjemnego zapachu. Gdy weszłam, od razu przybiegło dużo dzieci. One bardzo lubią patrzeć na turystów, bo jesteśmy inni. Mamy białą skórę i jasne włosy, a Etiopczycy mają ciemny kolor skóry. W dodatku tutaj przyjeżdża mało turystów, więc taki widok jest dla nich czymś niesamowitym ;)

W rodzinie etiopskiej jest taka zasada, że starsze dziecko zawsze opiekuje się młodszym i z reguły nosi je na plecach. A ponieważ rodzice mają często ponad piątkę dzieci, prawie każde z nich chodzi z malutkim rodzeństwem. A wiesz, dlaczego starsze dzieci noszą młodsze rodzeństwo na plecach? Tak jest im najwygodniej. Tu nie ma wózków dziecięcych ani nosidełek. Dlatego malutkie dzieci nosi się właśnie na plecach... Albo może inaczej: uczy się je trzymać pleców rodzeństwa. Bo kiedy maluch trochę podrośnie, musi już sam się trzymać, żeby nie spaść.

Widziałam już kilkuletnie dzieci, które trzymały na plecach rodzeństwo jeszcze młodsze od siebie! Rodzice w tym czasie zajmowali się pracą w polu albo wypasem zwierząt. Tak naprawdę nigdy nie widziałam, by jakiś rodzic zajmował się dzieckiem, zawsze robiło to rodzeństwo!

Pokażę ci teraz etiopski dom
zbudowany z gliny i odchodów zwierząt.

Zobacz, w środku jest jedno główne pomieszczenie. W domu nie ma podłogi. Jest klepisko. W jednym kącie znajduje się miejsce na ognisko. Ono służy jako kuchnia do gotowania, ale też do ogrzewania całego domu. Mówiłam ci, jak w Etiopii potrafi być zimno, prawda?

W domu stoi też łóżko. Ale to nie jest takie normalne łóżko z materacem. To podwyższenie zbudowane z gliny i odchodów, na którym leżą słomiane maty.

Miałam ze sobą różowe plastikowe wisiorki. Wyjęłam je i dałam najmłodszym dzieciom, żeby miały się czym bawić. Te dzieci nigdy nie widziały zabawek, nigdy nie spały w normalnym łóżku i nigdy nie czuły zapachu świeżej, wyprasowanej pościeli. Ale za to były bardzo wesołe, miłe i uśmiechnięte. Chociaż akurat w tamtej chwili bacznie mi się przyglądały, bo pierwszy raz na oczy widziały białe dziecko. Były wyjątkowo zaciekawione tym, jak wyglądam. Myślę, że gdyby zobaczyły ciebie, też by ci się przyglądały. Te dzieci śpią wszystkie na jednym łóżku, żeby było im cieplej. Nie mają butów. Mają brudne ciuszki i noszą je tak długo, aż całkiem z nich wyrosną. Dla Etiopczyków każdy kawałek materiału jest bardzo cenny. Widziałam dzieci, które robiły sobie ubranka nawet ze starych worków.

Popatrzyłam na dzieci, które stanęły w rzędzie obok swojej mamy. Muchy siadały im na buziach i wchodziły do oczu. Ale te dzieci nawet się od nich nie odganiały! To musiało być dla nich czymś normalnym. My mamy odruch odganiania się od much, prawda? Tutaj widocznie much jest tak dużo, że dzieci przestały się już od nich odganiać. Ale to bardzo źle, bo muchy przenoszą wiele chorób, a tu lekarzy raczej nie ma...

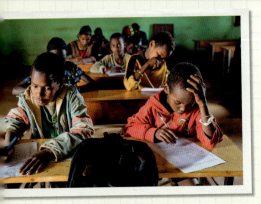

W Etiopii mało dzieci chodzi do szkoły, więc nie wiedzą one wielu rzeczy. Niektóre nie potrafią nawet pisać i czytać! A kiedy już dorosną, nie wiedzą, jak nawadniać pola, żeby w porze suchej wyrosły im rośliny, i głodują. Nie wiedzą też, jak dbać o zwierzęta, żeby nie chorowały i nie miały pasożytów. Dlatego nauka jest bardzo ważna…

Pożegnałam się już z panią, z dziećmi i skacząc po błocie, próbowałam przedostać się do mojego autokaru. Chodziłam na czubkach palców i ślizgałam się po bagnie. W końcu zrobiłam trzy duże kroki i udało mi się wyjść na łąkę. Stąd już szybko dotarłam na drogę i wsiadłam do autokaru. Pomachałam jeszcze raz miłym dzieciom i odjechałam.

Droga do wodospadu była długa, więc po kilku godzinach zatrzymaliśmy się na postój w małym miasteczku. Składało się ono tylko z kilku domów wzdłuż drogi, bazaru i kawiarni. Kawiarnie są tu bardzo popularne, bo dorośli Etiopczycy piją kawę pięć razy dziennie, a z parzeniem kawy połączona jest cała ceremonia. Podeszłam do kawiarni. Był to niski murowany budynek. Zdziwiłam się, bo podłoga była wyłożona świeżo zerwaną trawą.

Zdziwiłam się – po co na podłodze trawa? Popatrzyłam na gości. Prawie wszyscy mieli bardzo, ale to bardzo brudne buty. Całe w błocie.

Uśmiechnęłam się – rozumiem! Ta trawa to rodzaj wycieraczki lub dywanu. Taką trawową wycieraczkę łatwo sprzątnąć. Gdy się zabrudzi, pani zgarnia starą trawę i rozrzuca nową!

Tak łatwo wymyślić dywan lub wycieraczkę! Nie trzeba niczego kupować, pomyślałam.

Patrzyłam, jak pani w kawiarni rozpala ognisko pod malutkim kociołkiem, żeby zrobić gościom kawę. W drzwiach nagle stanął chłopiec z całą wiązanką patyków. Były poukładane jeden na drugim. Chłopiec trzymał jeden patyk w ręku i próbował sprzedać go gościom.

Po co on sprzedaje patyki??? – zdziwiłam się.

Nie uwierzysz mi, jak ci powiem, do czego one służą! Wytłumaczył mi to nasz kierowca, który podszedł do chłopca i poprosił o jeden patyk. Wyjął nóż, przyłożył do kijka i zaczął go strugać z jednej strony. Nie wiedziałam za bardzo, o co chodzi. Co prawda patyk w miejscu strugania zrobił się biały, ale dlaczego???

Kierowca był wyraźnie rozbawiony moją dziwną miną. Po chwili zaczął gryźć tę białą końcówkę. Gryzł, gryzł i rozgryzał, aż z końcówki patyczka zrobiła się setka cieniutkich włókienek. Wtedy wyjął patyk z ust i powiedział:

– *Toothbrush!* (Szczoteczka do zębów!).

A wiesz, że kiedyś, dawno temu, gdy jeszcze nie było na świecie szczoteczek do zębów, ludzie właśnie tak je czyścili? Ja sądzę, że ten, kto wymyślił szczoteczki do zębów, widział kiedyś taki rozgryziony patyk!

Zobacz, to jest właśnie patyczek, z którego powstaje etiopska szczoteczka do zębów.

Chciałbyś mieć taką szczoteczkę do zębów?

— Uaaaa! — odpowiedziałam, zadowolona, i podeszłam do chłopca, by kupić jeden patyczek. Kierowca zestrugał mi końcówkę. Postanowiłam mieć własną etiopską szczoteczkę do zębów. Zaczęłam gryźć i gryźć... ale okazało się, że to nie jest takie łatwe... Mój patyczek nie chciał się rozdzielić na setki cieniutkich włókienek.

No cóż, trudno... To nie jest takie proste. Ale schowam sobie ten patyczek na pamiątkę i ustawię go w domu na moim biurku z pamiątkami, pomyślałam i schowałam patyczek do plecaka.

Po krótkiej przerwie w kawiarni kierowca spytał, czy chcemy pójść do wodospadu.

Pewnie, że chcę! — pomyślałam i szybko zaczęłam zakładać plecak.

– *No* (Nie) – powiedział kierowca. – *Better to leave it in the bus* (Lepiej zostawić go w busie) – dodał.

Posłuchałam go i po chwili byłam już gotowa maszerować nad wodospad.

No tak, iść do wodospadu z plecakiem: to nie jest najlepszy pomysł!

Za kawiarnią była dróżka, która prowadziła przez zielone łąki. Po chwili się urwała i można było już tylko schodzić po stromych kamieniach. Były tak wysokie, że mogłam zeskakiwać z jednego na drugi… Nagle zaczepił nas przewodnik.

– *What's your name?* (Jak masz na imię?) – zapytał.
– Nela – odpowiedziałam.
– Mela? – chciał się upewnić.
– *No* (Nie). Nela – powtórzyłam.
– *Hi, Nela. Nice to meet you.* (Cześć, Nela, miło cię poznać).
– *My name is Tasfa.* (Ja nazywam się Tasfa). *Tasfa means „hope or promise"* (Tasfa znaczy „nadzieja lub obietnica") – wyjaśnił. – *So I have „hope or promise" for the future* (Więc ja mam „nadzieję lub obietnicę" na przyszłość) – dodał.

W Etiopii nadaje się dzieciom imiona, które coś znaczą. Ja nie potrafiłam wytłumaczyć znaczenia mojego imienia. A ty poznałeś znaczenie swojego imienia? Lepiej się przygotować na takie pytania, jeśli jedzie się gdzieś daleko ;) Ja następnym razem sprawdzę i będę wiedziała, co dokładnie oznacza moje imię.

Dowiedziałam się, że w Etiopii dużo małych dzieci niestety umiera. Jeżeli rodzi się kolejne dziecko, dostaje imię ASHENAFI (czytaj: aszanafi), co oznacza „miłość zwycięży". W ten sposób matki chcą obdarować dziecko szczęściem, żeby nie umarło.

Przywitałam się więc z przewodnikiem i przez stary kamienny most poszliśmy w stronę wodospadu. Za nami oczywiście biegły dzieci. Prosiły o gumę do żucia, chusteczki lub mydło. Inne próbowały coś sprzedać. Szłam pod górę. Podbiegł do mnie chłopiec z plecionym skórzanym pojemniczkiem. Inny – z bambusowym flecikiem. Grał jakąś melodię i bardzo chciał, bym kupiła flecik. Szła też za nami dziewczynka z wyszywanymi cienkimi szaliczkami. Też chciała nam coś sprzedać. Wszystkie dzieci były na bosaka. Ale bardzo szybko i zwinnie skakały po skałach, jakby ich

nic nie bolało, a stopy były bez czucia. Wyobrażasz sobie chodzić codziennie na bosaka? Po błocie, po ziemi, po kamieniach??? Ich stopy musiały się już do tego przyzwyczaić. Możliwe, że nigdy w życiu nie nosiły butów...

Chłopiec ze skórzanym pojemniczkiem był bardzo miły i zaczął mówić do mnie po angielsku. Te dzieci, które chodzą do szkoły, oprócz etiopskiego uczą się również języka angielskiego.

– *What is this?* (Co to jest?) – zapytałam chłopca.
– *This is a lunch box* (To pudełko na lunch) – odpowiedział.
Wzięłam pojemniczek w rękę. Chłopiec pokazał mi, jak się otwiera wieczko. Zajrzałam do środka. Cały pojemnik był wypleciony z trawy, a od zewnątrz pokryty naciągniętą skórą zwierzęcą.

Do takich pojemników dzieci pakują sobie jedzenie, kiedy idą do szkoły albo na łąki, żeby wypasać zwierzęta. W Etiopii nie ma żadnych torebek czy plecaków, dlatego dzieci muszą same robić sobie jakieś pojemniczki.

To chyba skóra kozy, pomyślałam. Bo właśnie kozy o takich kolorach futerek mijałam po drodze. To bardzo przykre, że to prawdziwa skóra zwierzęca. Ale tutaj, w Etiopii, nie zabijają zwierząt tylko po to, aby wykorzystać ich skórę. Zabijają je, żeby mieć co jeść. A żeby nie wyrzucać skóry, wykorzystują ją do zrobienia jakichś pojemników, mebli czy miejsca do leżenia. Inaczej by się zmarnowała!

– OK – powiedziałam do chłopca i dałam mu pieniążek. Bardzo się ucieszył i powiedział: – *Thank you!* (Dziękuję!). I oddał mi pojemniczek.

Szłam dalej. Muszę się pospieszyć, pomyślałam. Zaczyna trochę padać deszcz, a nie chcę, by nas złapała prawdziwa etiopska ulewa...

Niestety deszcz zaczynał padać coraz mocniej. Nagle, nie wiadomo skąd, podbiegło do nas kilku Etiopczyków z parasolkami. Traktowali je jak wielki skarb. Za schowanie się pod parasolką chcieli drobną opłatę. Mieliśmy do wyboru albo płatny parasol, albo przemoknięcie.
To była prawdziwa ulewa. Padało i padało, coraz mocniej. I nagle przestało...

Jak to dobrze, pomyślałam i zaczęłam iść w kierunku wodospadu. Kamienie były śliskie, a ja czułam się już trochę zmęczona. Ale nie ma czasu na odpoczynek, bo nie wiadomo, kiedy znowu zacznie padać. Bardzo chcę dotrzeć nad DYMIĄCĄ WODĘ i muszę ten plan zrealizować!
Mówią, że jest to najpiękniejszy wodospad w Etiopii i że warto go podziwiać właśnie w porze mokrej. A to dlatego, że kiedy deszcze są częste i intensywne, jest w nim dużo wody. Wodospad wygląda wtedy niesamowicie!

Weszłam na kolejny głaz. Stanęłam... bo widok był przepiękny... W oddali widziałam ogromny wodospad, którego woda była tak brązowa, że wyglądała dosłownie jak kłęby unoszącego się dymu...!
– Już wiem, dlaczego tak go nazywają! – powiedziałam. – Myślę, że innej nazwy bym dla niego nie wymyśliła. Ale

A WIESZ, DLACZEGO PRZY WODOSPADACH JEST BRYZA?
Woda, która spływa z wodospadu, uderza o rzekę z dużą prędkością. To powoduje, że kropelki wody się unoszą i w ten sposób tworzą bryzę. Jakbyś postał przy wodospadzie dłuższą chwilę, szybko stałbyś się cały mokry. Bez wchodzenia do wody! ;)

dziwne, że rzeka, która spływa przez wodospad, nazywana jest Nilem Błękitnym, bo błękitu raczej tam nie widziałam. Tylko brąz. Powinna się nazywać „Nil Brązowy" ;)

OK... No to w drogę. Idziemy dalej...

Żeby dojść do wodospadu, trzeba przejść nad przepaścią po wiszącym moście. Na szczęście, most wyglądał na solidny i nie bałam się na niego wejść. Bujał się trochę, więc szłam powolutku... Ale dość szybko udało mi się przejść na drugą stronę.

Nela – mała reporterka

Podeszłam bliżej wodospadu. Nie wyobrażasz sobie, jaka tam była bryza! Kropelki wody unosiły się w powietrzu i opadały wszędzie dookoła, również na mnie.

Stanęłam na chwilę i czułam się jak pod drobniutkim prysznicem.
– Jakie to fajne! – powiedziałam. – Hurraa!!! Udało mi się!!! – krzyknęłam. – Jestem przy DYMIĄCEJ WODZIE!!!

MOJA MYŚL PO PRZYGODZIE W ETIOPII:
Wodospady są wspaniałe: i te duże, i te małe!

Dlaczego FLAMINGI są różowe?

Hej! Cieszę się, że podróżujemy razem! Dziś pojedziemy do Boliwii w Ameryce Południowej. Zawsze kiedy mówię POŁUDNIOWA, to myślę DOLNA. Chcę cię zabrać na superobserwacje zwierząt na boliwijskiej kamiennej pustyni. Będziemy zwiedzać laguny i odkrywać życie ich mieszkańców. No to co? Jesteś gotowy na przygodę?

Jeżeli tak, to czas się spakować ;)
Co zabierzemy? Kamienna pustynia w Boliwii jest chłodna. Znajduje się wysoko w górach, a im wyżej, tym oczywiście zimniej. Ja muszę spakować między innymi:
1. kurtkę
2. czapkę
3. szalik
4. ciepłe buty
5. latarkę i aparat fotograficzny!

Jeżeli jesteś już gotowy, możemy wyruszać. A przygoda zaczęła się tak:

To było wysoko w górach, kiedy jechałam z pustyni solnej w kierunku granicy z Chile. Siedziałam z JEEPIE (takim samochodzie terenowym) i przemierzałam kamienną pustynię. Nazywa się kamienna, bo nie ma na niej nic innego poza kamieniami i suchą ziemią. Może się wydawać, że taka kamienna pustynia to nic ciekawego, ale powiem ci, że widok był niesamowity…

Piękne kamienne krajobrazy, rozciągające się nie wiadomo jak daleko, zasługiwały, żeby przyjrzeć im się chwilę dłużej. Nasz przewodnik Carlos zatrzymał samochód i pozwolił nam wysiąść. Wzięłam aparat fotograficzny, bez którego nigdy nie wyjeżdżam, i wysiadłam.

Patrzyłam dłuższą chwilę, bo chciałam zapamiętać jak najwięcej... Nie wiem, czy to dobry sposób, ale wydaje mi się, że sporo zapamiętałam ;) Carlos powiedział, że ten widok zachwycał już wielu ludzi. Kiedyś nawet pewien słynny malarz namalował obraz, bo zainspirował się tym krajobrazem. Malarz nazywał się Salvador Dalí. A obraz nosił nazwę *El desierto,* czyli po hiszpańsku „pustynia".

Też bym chciała namalować taki obraz, pomyślałam. Zrobię kilka ujęć, to może uda mi się kiedyś popatrzeć na zdjęcia i coś namalować...

Ruszyliśmy dalej. Samochód strasznie bujał, bo jechał po nierównej kamienistej drodze. Po pewnym czasie nasz kierowca zatrzymał pojazd i wyjął jabłko. Zaczął obierać je ze skórki, a tę skórkę wyrzucał przez okno i się jej przypatrywał.

Pomyślałam: na co on się patrzy? Co takiego może żyć na pustyni, co zjada skórki od jabłek?

Nie mogłam nic wymyślić. A ty jak sądzisz? Jakie to mogło być zwierzę? Po chwili zobaczyłam pięknego małego futrzaka. A za nim drugiego. Miał małe uszka, ciało jak kulka i długi włochaty ogonek. Do tego duże czarne oczka. Wyglądał prześlodko, jak pluszak. To były szynszyle!

Dlaczego flamingi są różowe?

    Tak... przyszły do nas dzikie szynszyle! No może nie do końca do nas, tylko do skórek od jabłka... ale bardzo mnie to ucieszyło.

    – Ale super! – powiedziałam zachwycona. – Muszę zrobić im zdjęcie.

    Klik... Klik... Wyszła mi taka fotka. Co ty na to? Podoba ci się?

A wiesz, że ojczyzną szynszyli są właśnie pustynie w Boliwii, Chile, Peru i Argentynie?

To jest ich naturalne środowisko. Jeśli będziesz kiedyś w sklepie ze zwierzętami, gdzie sprzedają szynszyle, to przypomnij sobie moje zdjęcie pustyni. Będziesz wiedział, skąd te zwierzęta pochodzą!

Piękne futro to ich zguba! :(

Wiele szynszyli jest hodowanych dla ich pięknego futra. Ludzie zabijają te zwierzątka i szyją z ich skór kurtki, szale lub wyszywają kaptury. **To straszne!** Wiesz, jak można z tym walczyć? Po prostu nie można kupować takich rzeczy. Jeśli nikt nie będzie kupował, to sprzedawcy nie będą sprzedawać!

Czy szynszyla ma wygodny domek?

Szynszyla mieszka w norkach lub w otworach między skałami na pustyni. Czyli śpi na kamieniach lub na ziemi. Nie może sobie ich niczym wyłożyć, bo na pustyni nie ma trawy ani mchu. Ale nie martw się! Wcale nie jest jej niewygodnie! Ma tak mięciutkie futerko, że czuje się, jakby cały czas była owinięta kołderką!

DLACZEGO FUTRO SZYNSZYLI JEST TAKIE MIĘKKIE?

Jej superfuterko jest tak zrobione, że z jednego mieszka włosowego wyrasta aż 60 włosków! Przyjrzyj się swojej ręce. Widzisz jeden włosek? To wyobraź sobie, że zamiast jednego włoska będziesz miał ich tam 60! I tak dalej – na całym ciele. Też byłoby ci miękko... no i też bardzo ciepło, prawda? ;)

Czas pożegnać moich małych pustynnych przyjaciół i pojechać dalej. Samochód ruszył, a ja patrzyłam jeszcze przez szybę na te piękne pluszaki i machałam do nich ręką.

Jedziemy w kierunku laguny, czyli jeziora na pustyni, pomyślałam i wyjęłam mapę. Starałam się znaleźć miejsce, do którego mamy dojechać, i szukałam zaznaczonych jezior.

Carlos bardzo chciał pokazać nam te laguny. Mówił o nich przez całą drogę i nie mógł się doczekać, kiedy nas w końcu dowiezie na miejsce. Opowiadał zwłaszcza o jednej, nazywanej Laguna Colorada.

– *Laguna Colorada es bella!* (Laguna Colorada jest piękna!) – powtarzał co jakiś czas po hiszpańsku.

Słyszałam to tak często, że w końcu zapamiętałam. Potem to zdanie już ciągle chodziło mi po głowie ;)

Kiedy dojechałam i spojrzałam przez okno samochodu, zrozumiałam, o co chodziło Carlosowi. Wysiadłam z otwartą buzią. A po chwili powoli powtórzyłam:

– *Laguna Colorada es bella!*

Już nie dziwiłam się, że Carlos tak często to mówił. Widok był naprawdę niesamowity. Skalisty brzeg otaczał piękne **bordowe jezioro**. W oddali oczywiście rozciągała się sucha pustynia. Pierwszy raz widziałam coś takiego.

– Ale dlaczego ta woda jest bordowa? – zaczęłam się zastanawiać.

Carlos wytłumaczył mi, że to przez minerał, który znajduje się na dnie jeziora. Ma właśnie taki kolor i barwi wodę. Ale nie tylko ją, bo i glony, które rosną w jeziorze. Niesamowite, prawda? To tak, jakbyś malował farbami, a pędzelek moczył cały czas w jednym słoiczku. Po pewnym czasie woda w słoiczku zmieni kolor, a osad z farby zgromadzi się na ściankach i na dnie. To działa podobnie, ale to nie farba barwi jezioro, tylko naturalny minerał.

– Piękne! – powiedziałam.

Dlaczego flamingi są różowe?

Nie wiedziałam, że istnieją na świecie bordowe jeziora! A ty? Hm... No to teraz już wiemy ;) Chociaż jakbym mogła wybrać jakiś kolor, to wolałabym, żeby to jezioro było fioletowe... Albo na przykład... żółte ;) Chociaż bordowe też jest ładne ;)

Zaczęłam dokładniej przyglądać się jego powierzchni. Zauważyłam, że w niektórych miejscach jest pokryte czymś białym. Carlos wytłumaczył mi, że to jezioro jest słone i kiedy wysycha, pojawia się taki biały, słony osad. Czasami nawet tworzy się twarda słona skorupa.

Więc laguna czasami jest bordowa, a czasami – bordowo-biała.

Nie tylko morze jest słone!
Na świecie istnieją też słone jeziora. Jednym z nich jest właśnie Laguna Colorada w Boliwii.

Popatrz: to jezioro to dom tych ptaków.
One tu mają gniazda. Budują je na mieliznach. Widzisz stożki na powierzchni? To jest właśnie gniazdo flaminga. Jest zbudowane z gliny i piór.

Ale widok samej laguny to jeszcze nie wszystko! Po tej lagunie chodziły wielkie stada flamingów! Wyobrażasz to sobie? Jak w bajce. Nie dość, że jezioro jest bordowe, to jeszcze chodzą po nim różowe flamingi! Ale fajnie! Uwielbiam te ptaki! One są super.

No to co? Idziemy je poobserwować z bliska? Idziesz ze mną? Ciekawe, czy będą się mnie bały...

Ostrożnie zeszłam po skałach w kierunku jeziora. Było chłodno, ale słońce świeciło tak mocno, że aż musiałam założyć okulary przeciwsłoneczne. Schodziłam powolutku, bo nie chciałam wystraszyć flamingów.

– Pewnie są tam jajka i niedługo będą małe flamingi! – ucieszyłam się i wyobraziłam sobie, jak taki malutki flaming może wyglądać. Jak myślisz? Pisklak flaminga jest różowy? A może biały? Pisklak flaminga jest biały!

A teraz zastanówmy się, dlaczego flamingi są różowe?
Skoro wykluwają się białe (pisklęta wcale nie są od razu różowe!), to coś chyba musi je zabarwiać, prawda?

No pomyślmy... Żyją na bordowym jeziorze... Jedzą wodorosty, które rosną w tym jeziorze i też są bordowe (bo zabarwione). Hm... Chyba już wiem! To przez ten minerał w wodzie!
Tak – okazało się, że flamingi są różowe, bo ich dieta składa się właśnie z glonów zabarwionych tym pigmentem. Super, prawda? A wyobrażasz sobie, jakby tak człowiek zmieniał kolor włosów po zjedzeniu na przykład ogórka...? Ojej... ja nie chciałabym mieć zielonych włosów ;) Na szczęście tak się nie dzieje.
Podeszłam bliżej. Flamingi prawie w ogóle się nie bały. Może wiedziały, że przez skorupę soli trudno się do nich dostać.

Rozejrzałam się dookoła. Zauważyłam, że nie byłam sama nad tą laguną, bo właśnie nadjechał jakiś JEEP z innymi turystami. Byli tak zaciekawieni flamingami, że chcieli do nich dojść po płytkim jeziorze. Na początku musieli przedostać się przez skorupę soli i tu pojawiły się ich pierwsze

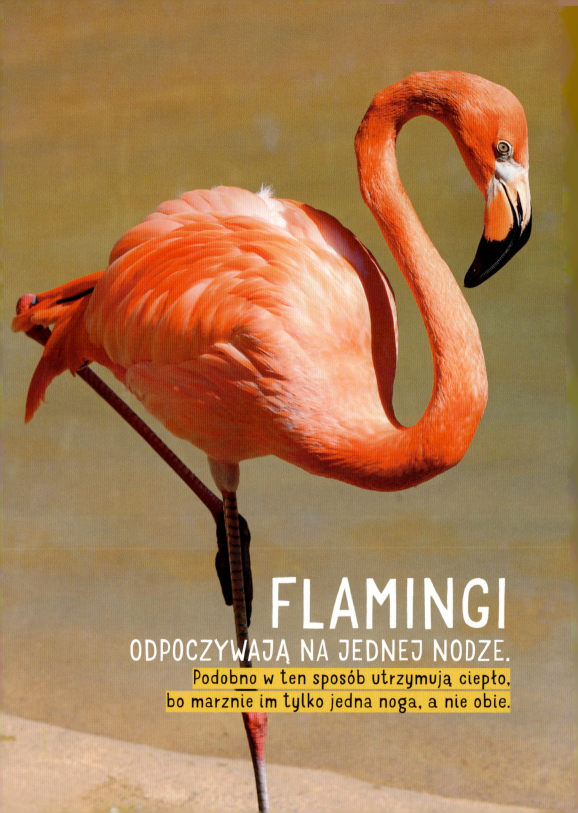

FLAMINGI
ODPOCZYWAJĄ NA JEDNEJ NODZE.
Podobno w ten sposób utrzymują ciepło, bo marznie im tylko jedna noga, a nie obie.

kłopoty. Szli powoli po skorupie i coraz bardziej oddalali się od brzegu. Ale nie był to najlepszy pomysł. W pewnym momencie nogi jednej z turystek zapadły się w sól i jezioro – aż po same kostki. Turystka próbowała wyciągać stopy i zrobiła wielki krok. Ale co się okazało??? Krok, owszem, zrobiła, ale już bez butów! ;)

Zgubiła buty! Ale wcale się tym nie przejęła. Śmiała się tak głośno, że słychać ją było chyba po każdej stronie jeziora… ;) Zaczęła iść dalej w skarpetkach, które też zaczęły jej spadać. Wszyscy się bardzo cieszyli, ale najbardziej chyba ta dziewczyna, która będzie miała superwspomnienia z bosej obserwacji flamingów ;)

Z tego morał jest taki: nie wolno wchodzić na nieznany grunt. Nie wiadomo, kiedy się zarwie!

Postanowiłam zobaczyć, czy uda mi się przestraszyć flamingi. Bardzo bym chciała zobaczyć je w locie. Wiem, że lecący flaming ma wyprostowaną szyję i nogi. Rozpędziłam się więc i podbiegłam do nich.

– Hej, flamingi! – wołałam, ale one raczej się mną nie przejmowały. Niektóre uniosły się w powietrze, ale odleciały tylko kawałek... i to jakoś dziwnie. Tylko podskoczyły, machając skrzydłami, i przeskoczyły w bok. Dodatkowo odbijały się nogami.

Szkoda, że nie mogę zobaczyć, jak fajnie odlatują, pomyślałam.

A wyobrażasz sobie całe stado kilkuset różowych flamingów unoszących się w powietrze? Niebo musi być wtedy całe różowe. Ekstra!

A wiesz, że szyja flamingów wygięta jest w taką fajną literę S?

Ma taki kształt tylko wtedy, kiedy ptak stoi albo chodzi. A jego nóżki wyglądają, jakby miały się zaraz złożyć. Wygięte są do tyłu. Spójrz na swoje kolana, widzisz, jak się zginają? Do przodu. Kolana flaminga zginają się do tyłu. Może dlatego tak dziwnie wygląda ;)

Zobacz! To flaming z plasteliny, którego sama ulepiłam! Fajny?

Kiedy flaming leci, szyję i nogi ma wyprostowane. Tak mu łatwiej lecieć. Gdyby podczas lotu miał zgiętą szyję, mógłby mieć duży, ale to duży problem z zachowaniem równowagi.

Czas jechać dalej. Pożegnałam się z flamingami, wsiadłam do samochodu i ruszyliśmy. Carlos jechał coraz wyżej i wyżej. Teraz mieliśmy wjechać na wulkan. Na wysokość prawie 5000 metrów!!!

Ale nie był to taki zwykły wulkan. Był tak duży, że nawet nie wiadomo, w którym miejscu się zaczyna jego czubek. Jego szczyt to tak naprawdę ogromny teren pokryty kraterami z bulgoczącym błotem.

Czułam, że jesteśmy coraz wyżej, bo co chwila zatykały mi się uszy. Tak właśnie się dzieje, kiedy zmienia się ciśnienie. Zatykają się uszy i musisz mocno dmuchnąć lub ziewnąć, żeby je odetkać. W pewnym momencie uszy przestały mi się już zatykać, więc wiedziałam, że jesteśmy mniej więcej na jednej wysokości.

Musimy być już blisko, pomyślałam i zaczęłam wyglądać przez okno.

W oddali zobaczyłam mgłę. Ale chwila... moment... to nie była mgła! To były unoszące się para i gaz!

Wyglądałam przez okno. A widok był niesamowity. Jakbym nagle znalazła się na obcej planecie! Krater na kraterze. A z każdego z nich unosiła się para ciepłego powietrza!

Wysiadłam z samochodu. Musiałam zobaczyć to z bliska!

Szłam więc wolno i patrzyłam pod nogi. Z oparów co chwila wyłaniał się krater z bulgoczącym błotem. Niektórzy nazywają je też błotnymi jeziorami wulkanicznymi. Ale są zbyt małe, by tak na nie mówić. To raczej kraterowe kałuże błotne.

Szłam dalej. Co kilka kroków znajdowałam pęknięcia w ziemi, z których wydobywał się gaz śmierdzący siarką.

Carlos powiedział, że te kratery rozciągają się na powierzchni aż 10 kilometrów kwadratowych! To bardzo dużo!

Kraterów musi być tu mnóstwo, pomyślałam.

Ale wydawało mi się, że zobaczę gejzery, z których będzie buchać ogromny strumień wody. Kiedyś oglądałam bajkę, w której z otworu w ziemi o pewnej godzinie wystrzeliwała do góry gorąca woda. Leciała bardzo wysoko i wyglądała jak ogromny wodny słup. Jak u wieloryba ;) Myślałam, że tu też tak będzie. Ale tak nie było. Carlos wytłumaczył mi, że to nie są takie typowe gejzery, tylko błotne gorące dziury.

Jesteśmy na wulkanie, więc tuż pod ziemią jest bardzo, bardzo ciepło, wręcz gorąco i parząco! Ta wysoka temperatura podgrzewa błoto jak w garnku. Ono bulgocze tak, jakby się gotowało.

Hm... Raczej nie chciałabym spróbować takiej błotnej zupy, pomyślałam ;) No i na pewno nie chciałabym wpaść do takiego krateru z gotującym się błotem! Muszę więc bardzo uważać...

To był dziwny widok. Na dworze było tak zimno, że leciała para z ust. Miałam na sobie kurtkę, czapkę i szalik, żeby nie zmarznąć, a tuż obok mnie były kratery z gotującym się błotem. W dodatku ten zapach siarki... nie do opisania...

No tak... pomyślałam. Naprawdę czuję się jak na innej planecie. Już nie muszę lecieć w kosmos, bo już wiem, jak tam jest ;)

MOJA MYŚL PO PRZYGODZIE W BOLIWII:
Nie trzeba lecieć w kosmos, żeby zobaczyć inny świat ;)

Góry
SEMIEN

Dzisiejsza przygoda będzie w Afryce. Pójdziemy na spacer po bardzo, ale to bardzo wysokich górach w Etiopii. Gdzie żyją leopardy, etiopskie wilki, dzikie małpy i oswojone kozy ;)

Mam nadzieję, że również na tej wyprawie będziesz mi towarzyszyć...

Więc co? Plecak na plecy, czapka na głowę, no i w drogę! ;)

Jechałam busikiem i wyglądałam przez okno. Po bokach nie było ziemi, tylko skaliste ściany.

Jestem już wysoko w górach. Zaraz zacznie się moja przygoda, pomyślałam.

Busik stanął. Dookoła było bardzo dużo błota. Nie mogliśmy już dalej jechać, bo byśmy się zakopali. W dodatku zaczął padać lekki deszcz, który jeszcze bardziej zmoczył błotnistą ziemię.

Góry Semien

Do okien naszego busa zaczęły podchodzić dzieci. Tutaj, w Etiopii, wszędzie można kogoś spotkać. Nawet w górach, gdzieś na wysokości 4000 metrów (to bardzo wysoko) mieszkają dzieci w chatach zbudowanych z patyków i słomy. Mieszkają oczywiście z rodzicami, nie same. Dzieci zaglądały do nas przez szybę i oglądały nas i to, co mamy w środku samochodu. Wszystko było dla nich bardzo ciekawe. Niektóre rzeczy widziały pierwszy raz w życiu. Wyjęłam moją książkę o mitologii greckiej, którą wzięłam na podróż, i zaczęłam im pokazywać przez okno kolejne strony. Zachwycały się kolorowymi obrazkami i papierem. Ale najbardziej ze wszystkich obrazków zafascynował je rysunek olbrzymiego cyklopa, czyli potwora z jednym okiem. Patrzyły na niego i nie wiedziały, czy to prawdziwy potwór, który żyje tam, skąd pochodzimy, czy jest zmyślony. Nie wiedziałam, jak im wytłumaczyć, że to fikcja, i chyba się trochę przestraszyły.

Biedne te dzieci, pomyślałam. Nie chodzą do szkoły. Nie potrafią pisać ani czytać i nie mają w domu ani jednej książki. Pewnie nigdy wcześniej nie widziały książki na oczy. I to jeszcze z kolorowymi obrazkami...

Mamy szczęście, że w Polsce jest tyle kolorowych książek, które możemy czytać, oglądać i dzięki nim poznawać świat. Prawda?

Pora wysiadać i zwiedzić te piękne góry. To są góry Semien. Został tu stworzony Park Narodowy Semien, który znajduje się na liście światowego dziedzictwa UNESCO.

> Jeżeli coś jest na liście UNESCO, to znaczy, że jest to jedno z najpiękniejszych miejsc na ziemi i trzeba o nie bardzo dbać!

Góry Semien

Wysiadłam z busika. Była spora mgła, a w oddali chodzili panowie ze strzelbami. Hm... – zastanawiałam się. Po co tym panom strzelby?

Podszedł do nas kierowca i powiedział, że to są właśnie nasi przewodnicy. Przewodnik ze strzelbą? Znowu się zamyśliłam.

Kierowca to zauważył, bo zaraz powiedział do mnie: *guide-bodyguard* (przewodnik-ochroniarz) i się uśmiechnął. Hm... Ochroniarz? A przed czym ma nas chronić? Czy tu są jacyś bandyci...? Okazało się, że bandytów oczywiście nie ma. Ale w tych górach żyją niebezpieczne zwierzęta, takie jak leopardy czy wilki etiopskie, nazywane też szakalami.

W razie zagrożenia przewodnik strzela w górę, w powietrze (tak, by nikogo nie zranić), a huk odstrasza zwierzę. W ten sposób ono ucieka i nikomu nic złego się nie dzieje.

Mgła była bardzo gęsta. Panowała też duża wilgotność, więc owinęłam się chustą, żeby się nie przeziębić, i ruszyłam. Skakałam po błotnistej drodze, żeby dostać się na równie mokrą trawę. Ale wolałam iść po mokrej trawie niż po mokrym błocie ;) Ty chyba też byś tak wolał ;)

Obok mnie przechodziły osiołki z pakunkami na plecach. Szły sobie wolniutko jeden za drugim i błoto im w ogóle nie przeszkadzało. Koło nich oczywiście szli ich właściciele, którzy starali się gdzieś szybko dotrzeć. Popędzali osiołki, a one i tak podążały własnym tempem. Osiołkom się nie spieszyło.

To częsty widok tutaj, w Etiopii. Zwierzęta, a zwłaszcza osiołki, których jest tu bardzo, ale to bardzo dużo, pomagają ludziom w codziennych czynnościach. Niewiele osób ma rowery czy samochody. Kiedy mają coś przewieźć, wykorzystują do tego właśnie osiołki. A muszę ci coś powiedzieć: w żadnym kraju, jaki odwiedziłam, nie widziałam takich stad osiołków jak tutaj, w Etiopii. Jest ich bardzo dużo! To fajnie, bo osiołki są super!

Podeszłam do przewodnika. Był duży, miał poważną minę i trzymał strzelbę. Wyglądał groźnie. Chyba leopard się go przestraszy, pomyślałam.

– *What's your name?* (Jak ma pan na imię?) – spytałam. Przewodnik najwyraźniej się zdziwił, że zadałam mu to pytanie. Popatrzył na mnie dłuższą chwilę i odpowiedział:

– *Fakro*.

– *My name is Nela* (Ja mam na imię Nela) – powiedziałam do przewodnika. On popatrzył na mnie i po chwili powtórzył:

– *Name is...* (Imię jest...).

– *Nela* – dokończyłam za niego.

– *Nela...* – powtórzył i się uśmiechnął. Pewnie dla nich nasze imiona są równie dziwne, jak ich imiona – dla nas ;)

Ruszyliśmy. Dookoła było bardzo zielono. Drzewa rosły pochylone w bok, jakby uginały się w kierunku przepaści. Schodziłam powoli i skakałam przez wąskie strumyki. Mgła otaczała pobliskie wzgórza, a wiatr był tak silny, że widziałam, jak przesuwa ją w moim kierunku.

Kiedy już dotarła, próbowałam ją złapać. Otwierałam i zaciskałam dłonie, ale nic mi w nich nie zostawało. Pewnie wiesz dlaczego? Nie da się przecież złapać mgły. To tak, jakbyś chciał złapać powietrze ;)

Nagle z oddali usłyszałam śpiewy. To jakieś dzieci! Pójdę w ich kierunku, to zobaczę, co się tam dzieje. Na płaskim szczycie góry siedziały sobie dzieci. Klaskały i śpiewały. Rozłożyły też ręcznie plecione talerzyki z grubych traw

A WIESZ, CO TO JEST MGŁA?

Mgła to takie mini, mini, tyci, tyci kropelki wody. Tak malutkie, że ich nie widać gołym okiem. Są tak leciutkie, że nie opadają na ziemię, ale latają i tworzą białą chmurę. Im więcej jest w niej kropelek, tym mgła jest gęstsza.

lub ze słomy. Miseczki i dzbanuszki z przykrywką, a nawet czapeczki. Wszystko było ładnie pomalowane. Były też kubeczki z rogów krowy. Patrzyłam na te przedmioty i każdy mi się bardzo podobał. Chciałabym kupić każdą z tych rzeczy. Niestety nie mogę, bo musiałabym to wszystko nieść. Nie mogę też za bardzo obciążać plecaka, a droga jest jeszcze długa.

Kupiłam etiopską czapeczkę. Dziś mam ją w domu w Polsce i zamierzam oprawić i powiesić tę pamiątkę na ścianie. Zobacz, jak wygląda.

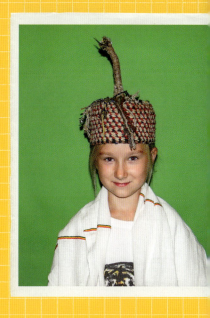

A wiesz, że tu, w Etiopii, jest taki zwyczaj, że śpiewa się piosenki o gościach? A słowa wymyśla się na bieżąco. Czyli śpiewasz to, co ci przyjdzie do głowy. Powiedział mi to mój przewodnik, który wytłumaczył, że dzieci śpiewają o tym, jak cieszą się, że nas widzą, bo będą mogły nam coś sprzedać.

Poszliśmy dalej. A wiesz, że właśnie tu, gdzie jestem, w Etiopii, żyją koziorożce? To bardzo rzadki gatunek, zagrożony wyginięciem. Jest pod ścisłą ochroną, bo na wolności pozostało ich już tylko kilkaset. To bardzo mało! A wiesz, jak wygląda koziorożec? Jest podobny do kozy, ale ma dłuższe rogi. Nawet powiedziałabym, że trudno go odróżnić od kozy, zobacz:

Przyglądałam się zwierzętom, które właśnie mijałam. Były to kozy, owce i krowy. Wszystkie hodowlane. Żadne nie było dzikie.

– Hm... – westchnęłam. – Chyba nie uda mi się zobaczyć dzikiego koziorożca. Nie wspominając o leopardzie...

Bardzo chciałabym je poobserwować. A ty?
A wiesz, jak wygląda leopard? To taki duży drapieżny ssak z rodziny kotowatych. Mówi się też na niego „pantera"! Jest beżowy w ciemne cętki. Uwielbia wchodzić na drzewa, gdzie przesypia większość dnia. W nocy natomiast poluje.

leopard jasny

leopard ciemny

Istnieją jasne pantery w cętki, no i oczywiście czarne pantery. A teraz zagadka: jak myślisz, czy czarna pantera ma cętki? Zastanów się... Odpowiedź: ma cętki. To wydaje się dziwne, bo przecież na czarnym futrze trudno zobaczyć czarne cętki, prawda? Jednak kiedy się przyjrzysz, to je zobaczysz! Warto o tym pamiętać, kiedy będziesz w zoo!

Pomyślałam, że jednak nie uda mi się zaobserwować tu dzikich kotów! Na razie mijałam oswojone zwierzęta, które miały swoich właścicieli, czyli dzieci, które wypasały je na górskich łąkach. Tutaj dzieci zajmują się właśnie takimi czynnościami. Zamiast chodzić do szkoły, chodzą ze zwierzętami po górach i ich pilnują. Zwierzęta w Etiopii są

bardzo cenne, bo dają ciepło, jedzenie i mleko. Ludzie się z nimi nie rozstają, żeby ich nikt nie ukradł. Jakby ktoś ukradł zwierzęta, to rodzina nie miałaby co jeść! Tutaj nie ma sklepów tak jak u nas, w Polsce. Możesz jeść tylko to, co sam wyhodujesz. Dlatego dla rodziców ważniejsze jest to, by dziecko umiało wypasać zwierzęta, niż to, by potrafiło czytać i pisać... Bo to pozwoli im przeżyć.

Chłopiec zaczął gwizdać i nawoływać zwierzęta. Spojrzałam i zobaczyłam, że idą za nim owce. Nie wiedziałam, że owieczki potrafią reagować na gwizd ;) A zaraz za nim zobaczyłam kozę na drzewie...
– Ale jak to? – zapytałam zdziwiona. – Co koza robi na drzewie?

A ty jak myślisz? Co koza robi na drzewie? Przecież nie jest ptakiem ;)
Dla kozy taka gałązka to żaden problem. Wprawdzie nie ma pazurów jak leopard, ale za to jest bardzo skoczna! Kozy uwielbiają skakać i bez problemu wskoczą na w miarę niską gałąź, jeżeli stwierdzą, że jest tam coś pysznego do zjedzenia.

Muszę przyznać, że wyglądało to dość zabawnie. Bo do kozy dołączył kozioł, który starał się dosięgnąć pysznych listków. Koza musiała to zauważyć, bo stanęła tak, by ugiąć jedną z gałązek. W ten sposób kozioł dosięgał listków i sobie smacznie jadł.
– Ale kozia współpraca! – powiedziałam zadowolona.

Szykowałam się, żeby iść dalej. Odwróciłam się, a tu... Nie uwierzysz... Obok mnie przemknęła cała rodzina dżelad! To takie małpy, które żyją w Etiopii, właśnie tu, w tych górach.

– Skąd one wyskoczyły?! Ale super! – Byłam zachwycona.

Małpy pędziły tak, jakby ścigały się, która pierwsza gdzieś dobiegnie.

– Hej, poczekajcie! Zrobię wam zdjęcie! – krzyknęłam. Ale małpy mnie nie słuchały. Pobiegły gdzieś daleko, daleko, i tyle je widziałam.

– Hm... Może innym razem je znajdę i będę mogła poobserwować dłużej ;)

Byłam już naprawdę wysoko. Mgła robiła się coraz gęstsza. Przewodnik powiedział, że dotarliśmy do miejsca, gdzie można zobaczyć białe kruki. Tutaj, w Etiopii, mieszkają

Nela — mała reporterka

właśnie takie kruki. Ale one nie są całe białe. Mają z tyłu głowy białą plamkę. Właśnie dlatego nazywają je białymi.

Przyczaiłam się za kamieniem i nasłuchiwałam. Po chwili usłyszałam dźwięk: kriiik... kriiik... To był kruk. Starałam się stać nieruchomo, żeby go nie przestraszyć. Mgła na szczęście się przesuwała, a z niej wyłonił się biały kruk! Siedział sobie spokojnie na kamieniu, bardzo blisko nas. Ale fajny... Po chwili jednak odleciał gdzieś w mgłę, ale zdążyłam zrobić mu zdjęcie, zobacz ;)

MOJA MYŚL PO PRZYGODZIE W ETOPII:
W górach małpy zobaczyłam i bardzo się tym zdziwiłam ;)

Jeden dzień na ZANZIBARZE

Zanzibar to piękna wyspa na Oceanie Indyjskim. Opowiadałam ci już o nim w poprzedniej książce. Pamiętasz? Kształt wyspy przypomina biegnącego dinozaura i są na niej bardzo duże odpływy. Dziś chciałabym ci opowiedzieć o jednym dniu, który tam spędziłam.

Jak zwykle czekam, żebyś się spakował i pojechał ze mną ;) Jeżeli jesteś już gotowy, to w drogę!

Zanzibar zachwyca pięknymi białymi plażami, błękitną wodą i jeszcze bardziej błękitnym niebem. Ludzie są tam bardzo mili i ogromnie lubią turystów. Chętnie się z nimi witają, a na dzień dobry mówią: **JAMBO** (czytaj: dżamboo). To tak fajnie brzmi, mówię ci! Za pierwszym razem się zdziwiłam, kiedy podszedł do mnie ktoś i powiedział: JAMBO.

– Dżamboo? – Zaczęłam się zastanawiać… – Ale o co chodzi? ;)

Potem zrozumiałam już, że w języku **swahili** (czytaj: słahili), w jakim się tu mówi, oznacza to: „dzień dobry" ;)

Tak jak mówiłam, Zanzibar to piękne miejsce. Jak z bajki. Po prostu magiczne. Są tu piękne żółciutkie ptaszki, które wiją gniazdka w koszyczkach na palmach. Wyglądają jak nasze polskie wróbelki, ale są całe żółte. Ktoś mi powiedział, że nazywają się wikłacze.

Wikłacze swoimi dzióbkami potrafią upleść gniazda – koszyki z kawałków traw. Ich domki są tak mocne, że wytrzymują ciężar i wikłacza, i pisklaków! To niesamowite. Wikłacze budują tylko za pomocą dzióbka i nóżek! My, chociaż mamy ręce, nie potrafilibyśmy wykonać takiej pracy jak one! Prawda?

Najfajniejsze jest to, że to są ptaki, które żyją w stadach. Co oznacza, że na jednej palmie można zaobserwować koszyczek obok koszyczka. To jest piękny widok ;)

Postanowiłam zwiedzić tę wyspę i poszłam na spacer wzdłuż plaży.

Spotkałam pana z malutką małpką na smyczy. Była śliczna i słodka.

Ale dlaczego ona jest przywiązana? Spojrzałam na jej właściciela i zrozumiałam, że ten pan wcale nie kocha małpki. On ją trzyma na smyczy, żeby turyści robili sobie z nią zdjęcia. I żeby mógł na tym zarabiać. Popatrzyłam na małpkę. Od razu wskoczyła mi na ręce i zaczęła się przytulać.

– Malutka... – powiedziałam. – Czy jesteś głodna?

Małpka nie odpowiedziała, ale patrzyła na mnie, jakby wiedziała, co do niej mówię... Miałam akurat ze sobą kawałek mango ze skórką.

Zobacz, to jest właśnie wikłacz.

A to są gniazdka tych ptaków.

– Chcesz spróbować? – zapytałam małpkę i podałam jej owoc. Chwyciła go łapkami. Zeskoczyła na piasek i zaczęła zajadać.

– Taki upał... – dodałam. – Pewnie chce ci się bardzo pić!

Widać, że owoc jej smakował i że była bardzo szczęśliwa. Kiedy skończyła jeść, z powrotem wskoczyła mi na ręce i zaczęła układać się do snu.

– Bardzo bym chciała zabrać cię ze sobą... – powiedziałam do niej. – Dawałabym ci codziennie dużo owoców i picia.

Ale niestety jest to niemożliwe. Właściciel małpki zaczął

się niecierpliwić i już chciał odchodzić. Nie lubił, jak ktoś zbyt długo zajmował się jego zwierzątkiem... A może po prostu chciał ją zabrać do cienia albo położyć spać? Nie wiem... Ale pożegnałam się z małpką i pogłaskałam ją po główce. Pan odszedł z nią wzdłuż plaży... Mam nadzieję, że ją jeszcze kiedyś spotkam...

A wiesz, że takie małpki w warunkach domowych bardzo psocą? Są jak malutkie dzieci. Wszystkiego ciekawe i nie zawsze posłuszne. W dodatku potrafią skakać wysoko po meblach, wspinać się i otwierać szafki. Chciałbyś mieć taką małpkę u siebie w domu? Ja myślę, że mimo wszystko bym chciała ;)

Podeszła do mnie pani. Miała ze sobą dużo kolorowych chust. Były piękne. Chciała mi je pokazać, ale wiatr był tak silny, że prawie je wyrywał. Wyglądały jak ogromne kolorowe żagle.

– Ale super! – krzyknęłam. Kupiłam jedną chustę, a pani zaproponowała, że zrobi mi w prezencie malunek na rękach. Nie umiała mówić po angielsku, ale pokazywała na migi, o co chodzi. Wyjęła kartkę, na której narysowane były różne piękne wzory. Po chwili wyciągnęła czarny słoiczek i pędzelek. Poprosiła, bym usiadła i podała jej ręce. Te malunki to były afrykańskie wzory. A w tym czarnym słoiczku znajdowała się henna. Czyli taki płyn, którym maluje się wzorki na ciele. One po jakimś czasie schodzą. Po prostu się zmywają.

Ale fajne, pomyślałam i zaczęłam przeglądać karteczki ze wzorami malunków. Wszystkie były piękne i nie wiedziałam, na który mam się zdecydować. W końcu wybrałam i wskazałam pani palcem, o który mi chodzi. Pani wyciągnęła pędzelek, wzięła mnie za rękę i zaczęła malować. A wyszło to naprawdę super. Zobacz sam ;)

Podziękowałam pani ślicznie za piękny malunek i powędrowałam w kierunku plażowej drewnianej budki. Był to sklepik masajski.

A wiesz, kim są Masajowie?
Masajowie to plemię, które żyje w Afryce. Mężczyźni mają długie włosy zaplecione w warkoczyki, a kobiety golą głowy.
Według nich kobieta jest piękna wtedy, kiedy nie ma włosów. Ale dziwne, prawda? W różnych częściach świata ludziom podoba się coś innego. To, co dla nas jest ładne, dla innych może być dziwne albo nawet brzydkie. A wszystko zależy od kultury, wierzeń i tradycji.
Masajowie słyną z bardzo wysokich skoków. Chłopcy, którzy chcą się spodobać dziewczynie, rywalizują między sobą, skacząc. Ten, który skacze najwyżej, jest najfajniejszy. Dziwne, prawda?
Kiedy Masajowie się przedstawiają, nie używają swoich prawdziwych imion. Bo trudno byłoby je powtórzyć i zapamiętać. Używają za to przydomków. Ja poznałam Masaja, który przedstawił się imieniem Lajza. Był bardzo miły i budował ze mną zamki z piasku dla krabików ;)

Weszłam do masajskiego sklepiku. Ile tam było różnych pięknych rzeczy! Drewniane figurki zwierząt żyjących na sawannie, maski, wisiorki i bransoletki zrobione z malutkich kolorowych koralików.
Nie wiedziałam, na czym oko zawiesić ;) Tyle fajnych rzeczy! Zobacz: co byś wybrał?

JA KUPIŁAM:

Kupiłam bransoletkę i koło masajskie (to taka ozdoba, którą Masajowie zakładają na szyję). Dokupiłam jeszcze drewniane zwierzaki: dwie zebry, żyrafę, nosorożca i dwa hipopotamy – jeden z drewna, a drugi z kamienia. No i figurkę baobabu uplecioną z traw ;) Teraz mogę bawić się na plaży i budować sawannę! Super, prawda?

To mój przyjaciel Masaj.
Nazywamy go Lajza, bo tak się przedstawił.
Każdy Masaj ma jakiś przydomek.

Masajowie chodzą w butach ze starych opon motocyklowych,
bo większości z nich nie stać na normalne buty.

Lajza mierzy mi but. Jeszcze dokona ostatnich poprawek, takich jak docięcie nożem długości buta.

I proszę, jeszcze koraliki, i buty gotowe ;)

A ten wisiorek dostałam od mojego przyjaciela Masaja.

Mój przyjaciel Masaj był taki miły, że postanowił zrobić mi prawdziwe masajskie buty. A wiecie, w jakich butach chodzą Masajowie? Myślę, że to jest coś, czego nie wiedzą nawet dorośli. Spróbuj spytać któregoś z dorosłych, czy wie, w jakich butach chodzą Masajowie. Pewnie ci odpowie, że nie ma pojęcia ;) Zdradzę więc ci ten sekret, żebyś mógł później kogoś zaskoczyć tym pytaniem. Masajowie chodzą w butach zrobionych z opony motocyklowej!

Mój przyjaciel Masaj chciał zrobić takie buty specjalnie dla mnie. Zmierzył więc moją stopę. Uciął kawałek opony. Zrobił w niej dziurki. Przewlókł dętkę, zawiązał supełki i już. But był gotowy ;)

To są właśnie te masajskie buty. Muszę przyznać, że były nawet wygodne. Masajowie żartowali sobie, że dzięki nim mogą tak wysoko skakać. A antenka z koralikami służy do ładowania telefonu komórkowego ;) Nigdy wcześniej nie widziałam takich butów i cieszę się, że mam własne masajskie buty!

Podziękowałam bardzo za buty i prezenty i poszłam dalej wzdłuż plaży. Szłam i obserwowałam ludzi. Widziałam sprzedawców muszelek. Zbiegali się do nich turyści, którzy chyba nie wiedzieli, że nie wolno wywozić muszli z Zanzibaru! Można za to zapłacić karę na granicy! Ja nie kupuję muszli, bo wiem, że aby je zdobyć, sprzedawcy musieli zabić żyjącego w niej ślimaka. To jest straszne! Jedyne muszle, jakie zbieram, to te, które sama wyławiam lub znajduję, ale później wrzucam je z powrotem do morza. Najbardziej lubię obserwować żyjące zwierzęta, a nie muszelki, w których żyły.

Niektóre z tych muszli były naprawdę ogromne. Chyba nie dałabym rady nawet ich podnieść! Były poukładane na kocyku na piasku lub powbijane pionowo w ziemię. Z jednej strony przedstawiały ładny widok, bo to były naprawdę

piękne muszle, ale z drugiej strony kiedyś mieszkały w nich zwierzęta. I można było zobaczyć, ile ślimaków zostało zabitych...

Muszle można kupić nie tylko w plażowym sklepiku, bo są sprzedawane też z roweru.

W masajskim sklepiku dowiedziałam się, że niedaleko stąd, jeśli pójdzie się wzdłuż plaży, można dojść do malutkiej wioski. W tej wiosce jest szkoła, którą można odwiedzić. Fajnie, pomyślałam. Miałam ze sobą mały plecak, kredki, zeszyty, jabłka i trochę ubrań. Stwierdziłam, że będzie miło, jeśli dam je dzieciom ze szkoły. Na pewno się ucieszą! Bo dla nich nawet zwykła gumka do włosów to wielki skarb. Założyłam więc plecak na plecy i poszłam.

Szłam może z dziesięć lub piętnaście minut i dotarłam do wioski.

UWAGA! NIE WSZYSTKIE MUSZLE SĄ BEZPIECZNE

Jeśli jedzie się do egzotycznych krajów, trzeba pamiętać o bezpieczeństwie. Ja przeczytałam, że istnieje pewien gatunek ślimaka, który ma w muszli kolec jadowy. Wystarczy wziąć muszlę do ręki, żeby cię ukłuł. Nie należy się bać muszelek, ale trzeba zapamiętać, która jest niebezpieczna, i jej nie dotykać!

Zobacz, to właśnie ta muszla.
W takich muszlach mieszkają najbardziej jadowite ślimaki świata! Ten gatunek nazywa się *Conus textile*, czyli „stożek tekstylny". To dlatego, że wzór na muszli przypomina jakiś materiał. Zapamiętaj tę muszlę i jej nie dotykaj!

Domy były zbudowane z kamieni, w oknach nie było szyb. Niektóre były przysłonięte drewnem lub tekturą. Dach był zbudowany ze słomy lub liści palm. Szkoła powinna być już niedaleko... Tutaj, na Zanzibarze, dzieci chodzą do szkoły w innych miesiącach niż w Polsce. Na przykład wtedy, kiedy u nas są wakacje, wiesz? Można odwiedzać te dzieci, zobaczyć, jak się uczą, jak wyglądają ich klasy i jakich mają nauczycieli.

Nareszcie doszłam do szkoły. Przywitał nas sam dyrektor i powiedział, że zaraz nas zaprowadzi do jednej z klas. Dzieci już nas zobaczyły i były bardzo zaciekawione. Zaczęły biec do klasy i ustawiać się w rzędach. Dyrektor powiedział, że musi być przy rozdawaniu dzieciom jabłuszek i innych prezentów, bo inaczej strasznie się pokłócą. A wiesz, że jabłka w Afryce nie są tak znanym owocem jak w Polsce? Dla tych dzieci jabłko to coś bardzo egzotycznego. Coś, co pochodzi z zimnych i dalekich krajów (czyli z Polski). One

jedzą banany, mango, marakuje. A jabłka są bardzo rzadko spotykane. Dzieci dostały jabłka i bardzo się ucieszyły! Nie jadły ich od razu, tylko wąchały...

    Ale wiedziały, że to jeszcze nie wszystko, co dla nich mam. Zaczęłam rozdawać ubrania, kredki, moje buty rafówki... i wtedy wszystko wymknęło się spod kontroli. Dzieci tak się rzuciły, że wpadły na mnie i zaczęły popychać. Przestraszyłam się trochę, bo nie wiedziałam, jak mam zareagować... Wyrywały wszystko, nawet nie patrzyły, co biorą, byle coś zdobyć. Tak to jest, kiedy się żyje w kraju, gdzie trudno coś kupić. Wtedy wszystko – gumka do włosów, kredki czy skarpetki – jest wielkim skarbem...

    Ale została jeszcze jedna rzecz do oddania: mój plecak. Zobaczyła go pewna dziewczynka, która była miła i poprosiła mnie po cichu, żebym jej go dała. Miała na imię Issa. Kiwnęłam do niej głową na znak, że oddam jej mój plecak, ale za chwilę, kiedy zrobi się spokojniej. Dziewczynka czekała grzecznie obok mnie, patrzyła na mój plecak, a oczy jej się świeciły, jakby zaraz miała dostać niesamowity skarb... Gdy zrobiło się ciszej, podałam jej plecak, który chwyciła mocno w ręce i przytuliła do siebie. Ale nie przytulała go tylko ze szczęścia. Ona bała się, żeby nikt jej go nie odebrał. Wiedziała, co robi, bo zaraz rzuciły się na nią inne dziewczynki i starały się wyrwać jej plecak. Trzymała go mocno i krzyczała, aż w końcu wybiegła z klasy i uciekła do domu. Mam nadzieję, że Issa mnie teraz pamięta i chodzi do szkoły z moim plecakiem. Kiedy dobiegła do domu i otworzyła plecak, miała jeszcze jedną niespodziankę! W środku był piórnik z ołówkami, długopisami i kredkami. Mam nadzieję, że jej dobrze służą...

ZOBACZ, TO JEST KLASA W AFRYKAŃSKIEJ SZKOLE.

W oknach nie ma szyb, bo jest bardzo ciepło.
Tablica to ściana pomalowana ciemną farbą.
Na zdjęciu widać też ławki, w których siedzą dzieci.
Klasy są tak podzielone, że dziewczynki i chłopcy chodzą do klas osobno.
Niektóre dziewczynki mają głowy zakryte chustami, bo są muzułmankami.

MOJA MYŚL PO PRZYGODZIE NA ZANZIBARZE:
Złotych skarbów wciąż szukamy,
lecz doceńmy to, co mamy!

Żółwie z wyspy Gili

Cześć! Dziś popłyniemy na wyspę Gili. Słyszałeś kiedyś o wyspach, które są tak malutkie, że można obejść je dookoła spacerkiem? Z piaskiem tak białym jak mąka? I wodą tak niebieską jak niebo?

Jeżeli nie... to posłuchaj o mojej kolejnej przygodzie. Byłam właśnie w Indonezji. Pamiętasz z mojej pierwszej książki, jak wygląda Indonezja? To taki kraj, który składa się z wielu, wielu tysięcy wysp. Jest ich ponad 17 000! Niektóre są bliżej, niektórej dalej od siebie. Aby przedostać się z wyspy na wyspę, trzeba albo płynąć statkiem, albo lecieć samolotem!

Pamiętasz mój przykład z poprzedniej książki? Wyobrażaliśmy sobie, co by było, gdyby Polska była podzielona na tyle wysp. Żeby na przykład odwiedzić babcię, która mieszka po drugiej stronie Polski, dajmy na to – w Krakowie, trzeba by płynąć jeden lub dwa dni statkiem albo lecieć samolotem. Innej drogi przecież by nie było...

Żółwie z wyspy Gili

Zobacz, ja wyobrażam to sobie tak:

Tak więc byłam właśnie w Indonezji. Z całą ekipą podróżną zwiedzałam ten kraj i akurat znajdowałam się na wyspie Bali. Powiedziano nam, że niedaleko, na morzu, leżą trzy rajskie wysepki nazywane Gili.

> **Miejscowi nazywają te wyspy GILI, co w tłumaczeniu znaczy: „mała wyspa"!**

Rozłożyłam mapę i zaznaczyłam kółkiem miejsce, gdzie w tym momencie byliśmy. Potem szukałam palcem trzech nieduzych wysepek leżących obok siebie... Hm...
– Mam! Znalazłam! – krzyknęłam z zadowolenia i wyciągnęłam kredkę, żeby zaznaczyć swój cel.

GILI – przeczytałam i zaczęłam się zastanawiać nad jedną bardzo ważną sprawą. Jak ja tam dopłynę...? Mam nadzieję, że jakoś sobie poradzimy. Musimy znaleźć statek. No to co? Przed nami superprzygoda. Mam nadzieję, że popłyniesz ze mną! Plecak na plecy i w drogę!

Dowiedziałam się, że z wyspy Bali z samego rana wyrusza superszybka łódka właśnie na wyspę Gili. Nazywana jest *speed boat*. Można kupić na nią bilet w budce obok plaży przy porcie.

Wstałam więc wcześnie rano. Chyba dopiero wschodziło słońce, bo było jeszcze ciemnawo. Wzięłam swój plecak z podróżnym różowym królikiem i wsiadłam do *bemo*. Pamiętasz z pierwszej książki, co to jest *bemo*? To taki minisamochodzik. Z dachem tak niskim, że chyba tylko dziecko mieści się w nim bez problemu i może siedzieć wyprostowane.

Jechałam i jechałam, aż dojechałam do portu. Zrobiło się jasno i słońce wstało już na dobre. Ze mną było inaczej... Czułam się jeszcze trochę śpiąca i myślałam tylko o tym, by szybko znaleźć się na łódce, aby móc dalej spać. Pewnie ty też czasami masz ochotę zdrzemnąć się w trakcie podróży, prawda? Zwłaszcza kiedy się wcześnie wstaje ;)

Kupiliśmy bilet. Miły pan pokierował nas w stronę pomostu i łodzi. A ja szybko założyłam kapok i ułożyłam się na siedzeniu. Na takich megaszybkich łodziach trzeba mieć kapoki i mocno się trzymać, bo łódź płynie bardzo, bardzo szybko. Nazywa się przecież *speed boat*, co po angielsku znaczy „szybka łódź".

Podróż minęła mi więc bardzo szybko, bo całą przespałam. Obudziłam się, kiedy dopływaliśmy. Statek zwolnił i wiedziałam, że jesteśmy już blisko. Wyjście z takiej łodzi było bardzo śmieszne. Musiałam iść po jej brzegach i mocno się trzymać, by nie spaść do wody! Przeszłam na dziób statku, czyli na jego przód, i zeszłam po drabince na plażę.

Piasek był niesamowicie biały! Gdy tylko opuściłam łódkę, rzuciłam się w poszukiwaniu muszelek! Jestem pewna, że zrobiłbyś to samo. Każda plaża może przecież skrywać inne skarby!

Znalazłam taką fajną małą muszelkę.

Rozglądałam się dookoła i nie mogłam uwierzyć w swoje szczęście. Wyspa wyglądała niesamowicie! Jak zupełnie inny świat.

Długie białe plaże, uśmiechnięci ludzie i małe łódki przybite do brzegu. To właśnie była moja pierwsza przystań – wyspa Gili!

Tak naprawdę są trzy wyspy Gili, które leżą obok siebie. Wszystkie są małe, a jedna jest mniejsza od drugiej ;) Nazywają się: Gili Trawangan, Gili Meno i Gili Air.

Pierwsza z nich (Gili Trawangan) to wyspa, na której jest najwięcej ludzi, można na niej mieszkać, są tam restauracje i piękne plaże. Można też wsiąść do bryczki z koniem i przejechać całą wyspę dookoła. A cały przejazd zajmie ci tylko godzinę ;)

Nela – mała reporterka

Gili Meno jest najmniejsza. Mieszka na niej mało ludzi, ale ma śliczne plaże, a także rafki, i można tam spotkać żółwie morskie! Jest na niej mało wody pitnej. Czyli takiej słodkiej, do picia. Jedyne jeziorko, które się na niej znajduje, ma słoną wodę.

Na trzeciej wyspie (Gili Air) mieszkają prawie sami tubylcy. Ma ona piękną roślinność i jest jedyną wyspą ze źródłami słodkiej wody.

Do pozostałych wysp woda musi być doprowadzana.

A teraz się zastanów. Na którą wyspę chciałbyś pojechać? Trudny wybór, prawda? Ale coś ci powiem. Tak naprawdę nie musisz wybierać tylko jednej wyspy. Możemy zwiedzić każdą z nich! To właśnie jest piękne w podróżach. Jedziesz tam, dokąd chcesz!

Ta wyspa, na której właśnie jestem, to Gili Trawangan. Czyli ta największa z najmniejszych ;)

Wzięłam swój plecak. Poszliśmy szukać miejsca, gdzie można przenocować. Na wyspie była jedna główna uliczka, która ciągnęła się wzdłuż plaży. Nie było żadnych samochodów, żadnych motorów czy skuterów. Tylko ludzie, rowery i bryczki z konikami. Tutaj nie wolno się inaczej poruszać. Ludzie dbają o to, by nie zanieczyszczać powietrza. Na wyspie nie znajdziesz więc żadnego innego środka transportu.

Szłam po uliczce i rozglądałam się dookoła. Mijali nas uśmiechnięci ludzie, a mieszkańcy witali się i machali do nowych przybyszy (czyli do nas). Z głównej drogi odchodziło w bok wiele malutkich uliczek. Szliśmy i szukaliśmy jakiegoś pokoju. Obowiązkowo musi być tam wiatrak! Bo upał jest nie do zniesienia. Podszedł do nas chłopiec i spytał, czy szukamy noclegu. Poprosił, abyśmy szli za nim, to pokaże nam fajny pokój. Skręcił w bok, a my poszliśmy za nim…

Zaprowadził nas do małego hoteliku z bungalowami. Bungalow to taki jednopokojowy domek z łazienką. Bardzo fajny, mówię ci! Weszłam do środka. Pośrodku stało łóżko, a z boku, na ścianie, przyczepiony był wiatrak.

– Oooo… wiatrak – westchnęłam i ucieszyłam się, że mamy już jakieś miejsce do spania, i to w dodatku z wiatrakiem!

Nie traćmy czasu na oglądanie pokoju! Trzeba iść na plażę!

Zostawiliśmy plecaki. Nie mogłam się doczekać, by zobaczyć piasek i wodę! Wzięłam swoją maskę, płetwy i… pobiegłam na plażę, ile sił w nogach!

Morze było fantastyczne, ciepłe, a woda – przezroczysta.

Nela – mała reporterka

Na plaży ktoś zbudował fajny barek. Na piasku stały stoliki i krzesła. Ale najfajniejsze były bambusowe domki (stojące na palach), do których można było wejść po bambusowej drabince.

O, właśnie takie domki. Prawda, że fajne?

Stoję właśnie na samej górze bambusowej drabinki. A nade mną jest domek, w którym można siedzieć. Do tego domku można zamawiać na przykład soczek z barku!

A to jest drewniany koń zbudowany z patyków. Super!

TUBYLCY SĄ TU BARDZO MILI!

Spędziłam trochę czasu na plaży i przy brzegu. Szukałam zwierzątek, które obserwowałam, i robiłam im zdjęcia. Zobacz, jakie fajne zwierzątka znalazłam :)

Nela – mała reporterka

To jest krab pustelnik. Ma muszelkę po ślimaku, którą znalazł. Wszedł do niej i w niej zamieszkał. To są jedne z moich ulubionych zwierzątek!

To jest zwykły krabik, bez muszelki. Jest w kolorze piasku. W ten sposób łatwiej mu się ukryć przed drapieżnikami. Te krabiki żyją w dziurkach w piasku na plaży.

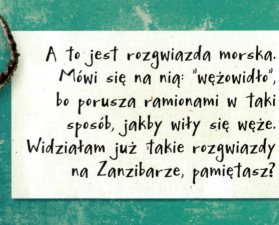

A to jest rozgwiazda morska. Mówi się na nią: "wężowidło", bo porusza ramionami w taki sposób, jakby wiły się węże. Widziałam już takie rozgwiazdy na Zanzibarze, pamiętasz?

Najbardziej chciałabym jednak popływać z żółwiami morskimi. Spojrzałam na drugą wyspę Gili. Podobno właśnie obok niej żyją żółwie morskie. Była blisko i wydawało mi się, że można do niej po prostu popłynąć. Ale to było tylko złudzenie. W rzeczywistości płynęłabym chyba bardzo, bardzo długo.

Muszę się tam jakoś przedostać, pomyślałam. Ale jak? Zaczęłam się zastanawiać. A ty co byś zrobił? Ja już wiem! Trzeba poszukać transportu! Okazało się, że jeden z rybaków może nas tam zabrać swoim katamaranem. To łódź, która po bokach ma jakby płozy (podpórki). One są po to, żeby katamaran się nie wywrócił na bok. Zobacz:

A zastanawiałeś się kiedyś, jaki kolor wody jest w basenie?

Nie niebieski ;) Woda jest przezroczysta. Kolor, który widzimy, zależy od tego, co się znajduje pod wodą. Gdyby basen pomalować na różowo, wydawałoby ci się, że woda jest różowa. Fajnie, prawda?

Ucieszyłam się bardzo i podbiegłam do łódki. Wsiedliśmy do środka. Łódka była drewniana, pomalowana na żółto, zielono i niebiesko. Po bokach miała oczywiście podpory (płozy) zrobione z drewnianych pali. Płynęłam i patrzyłam na wodę. W niektórych miejscach była błękitna, w niektórych – ciemnoniebieska, a jeszcze w innych – zielonkawa. A wiesz, dlaczego kolory wody różniły się od siebie? Bo tak naprawdę to był kolor dna! Woda przecież jest przezroczysta! Woda nie ma koloru ;)

Tam, gdzie kolor był błękitny, było płytko i na dnie leżał piasek. Tam, gdzie był granatowy, było już głęboko i nie było widać dna. A tam, gdzie był trochę zielony, było płycej, a na dnie były jakieś rośliny lub rafy... Kolor zależy więc od tego, co się pod tą wodą znajduje.

Słońce mocno świeciło, a ja wyglądałam za burtę. Woda była superprzezroczysta. Widać było nawet kamienie leżące na dnie. Bardzo chciałam coś wypatrzyć. Może jakąś rybę albo ośmiornicę, albo żółwia...?

Jej... Nie mogę się już doczekać, kiedy dopłyniemy, pomyślałam i zaczęłam szykować się do kąpieli. Wyjęłam ręcznik, przygotowałam maskę i płetwy.

Nagle rybak zwolnił, a po chwili wyłączył silnik. Łódka jeszcze chwilę płynęła do przodu, ale wkrótce stanęła. Rybak wyciągnął kotwicę. Rzucił ją gdzieś daleko w morze i powiedział:

– *Are you ready to swim with the turtles?* (Jesteście gotowi na pływanie z żółwiami?).

Ja byłam gotowa ;) Jestem gotowa już od dawna, pomyślałam i się uśmiechnęłam.

Rybak włożył maskę i płetwy. Popatrzył na nas i krzyknął:
– *Jump!* (Skacz!).

Ale super! – pomyślałam... Skoczyłam za nim do morza... I... wpadłam pod wodę... Była ciepła, słona... No i głęboka... Miała może ze 3 metry głębokości! To prawie tak jak wysokość pokoju, wiesz? Możesz spojrzeć w górę na sufit i wyobrazić sobie, że pływam pod sufitem, a ty jesteś na podłodze, czyli na dnie. Widzisz, jak głęboko? Właśnie tak głęboko było, kiedy wskoczyłam do wody.

Płynęłam i rozglądałam się dookoła. Szukałam oczywiście żółwi i rybek. Nagle zauważyłam coś na dnie... To był żółw! Pływał sobie po dnie i zjadał morską trawę i wodorosty!

CO ZJADA ŻÓŁW MORSKI?

Żółwie morskie jadają trawy morskie, glony, meduzy, kraby, ślimaki... Ale często mylą, niestety, plastikowe torby pływające w morzu z meduzami. Przez to mogą zginąć!

HISTORIA BIEDNEGO ŻÓŁWIA

Opowiem ci coś. Kiedyś, gdy byłam na Filipinach, widziałam przy brzegu żółwia morskiego, który nie mógł zanurkować. To był akurat rezerwat i wielu wolontariuszy zaczęło mu pomagać. Nie wiedzieli, dlaczego nie mógł zejść pod wodę. Po jakimś czasie doszli do wniosku, że musiał połknąć plastikową torbę. Ta torba spowodowała, że zrobił mu się w brzuchu bąbel powietrza. Przez to żółw nie mógł się zanurzyć. Taki żółwik jest, niestety, skazany na śmierć. Dlatego że nie może uciec przed drapieżnikami. Nie może też zjadać trawy, która jest na dnie. Nie może szukać innego pożywienia. Na szczęście niedaleko byli lekarze, więc wolontariusze wsadzili żółwia do łodzi i zawieźli go do żółwiowego szpitala. Mam nadzieję, że go uratowali. Dlatego nie wolno wrzucać śmieci do morza. A kiedy widzimy plastikową torbę, to trzeba ją wyjąć i wyrzucić do kosza na śmieci! A gdy jest za daleko od brzegu, trzeba poprosić o pomoc kogoś dorosłego.

CZY ŻÓŁW MORSKI CAŁY CZAS MIESZKA W MORZU?

Tak. Domem żółwi morskich jest morze. Samce nigdy nie wychodzą na brzeg. Samice udają się na ląd tylko po to, żeby złożyć jaja w piachu i wrócić do wody. Hm... Może jeszcze dodam, że domem malutkich żółwików morskich, które jeszcze się nie wykluły z jajek, jest plaża. Bo jajka są zakopane w piasku na plaży ;)

CZY ŻÓŁW UŻYWA WSZYSTKICH ŁAPEK DO PŁYWANIA?

Przednie łapki służą żółwiom do pływania, czyli jakby do wiosłowania pod wodą. Tylnymi łapkami żółw tylko steruje, dokąd ma płynąć. Czy w prawo, czy w lewo, czy prosto.

CZY ŻÓŁW MA ZĘBY?

Żółw nie ma zębów. Dlatego kiedy zjada trawę lub inny pokarm, rwie go swoją mocną szczęką.

ŻÓŁW MORSKI NIE POTRAFI SIĘ SCHOWAĆ DO SKORUPKI!

Pewnie nie raz obserwowałeś żółwie, prawda? Na przykład w zoo lub w sklepie. Albo może masz żółwia w domu? Mówi się czasem, że żółw chowa się do skorupki. To ich taki sposób obrony. Chowają się, gdy czują się zagrożone. Podwijają ogonek, łapki i wciągają główkę. Widziałeś to, prawda? Natomiast żółwie morskie jako jedyne nie potrafią tak się schować. Dlatego są narażone na niebezpieczeństwa!

Małe żółwiki wykluwają się z jajek zakopanych na plaży. Gdy tylko wyjdą z jajka, od razu biegną do morza! Niestety, wiedzą o tym ptaki, psy i inne drapieżniki, które polują na te maluchy.
Tylko 1 na 1000 żółwi stanie się dorosły :(

Jak ludzie pomagają żółwiom?

Na szczęście coraz więcej ludzi wie o tym, że żółwie trzeba chronić. Trzeba im pomagać, żeby nie wyginęły. Na plażach często umieszczane są informacje o tym, że w piasku mogą znajdować się zakopane jaja i że zbliża się czas wylęgu. Ale ludzie stworzyli też żółwie żłobki ;)

Wolontariusze obserwują, kiedy samice wychodzą na brzeg, żeby złożyć jaja. Potem zbierają te jaja i przenoszą je w bezpieczne miejsce, z dala od drapieżników, i wkładają do inkubatorów.

Czasami też nakładają klatkę na miejsce na plaży, w którym zostały złożone jaja. Żeby młode żółwiki nie zostały zjedzone przez drapieżniki.

Potem, kiedy młode żółwie się wyklują, wolontariusze zbierają je i wypuszczają daleko w morze – z dala od ludzi, ptaków i psów. Lub przy jakiejś wyspie, na której nie ma turystów. Czasami czekają, aby żółwie trochę podrosły, bo wtedy będą miały większe szanse na przeżycie.

Nela — mała reporterka

Mnie się udało odwiedzić taki żółwi żłobek!
Zobacz, ile tu jest maluchów.

Żółwie z wyspy Gili

Pływałam sobie w morzu i patrzyłam na żółwia. Ale super, pomyślałam. Muszę koniecznie zrobić mu zdjęcie. Na szczęście miałam ze sobą podwodny aparat. Przyczaiłam się na powierzchni. Żółw co jakiś czas musi wypływać z wody, żeby zaczerpnąć powietrza, wiesz? Bo inaczej by utonął. Żółw to nie ryba! Musi wypływać z wody, tak samo jak ja czy ty. On jednak potrafi pływać pod wodą znacznie dłużej niż my, ludzie. Mam nadzieję, że nie będę musiała czekać zbyt długo ;)

Na szczęście nie musiałam, bo żółw po chwili odepchnął się od dna i zaczął płynąć w kierunku powierzchni.

A ja czekałam na niego, gotowa, żeby zrobić mu zdjęcia.

Chodź tu, mały, myślałam sobie. Klik... Klik... Zobacz, jak ładnie żółwik pozował mi do zdjęcia ;)

Pływałam tak może z godzinę i obserwowałam podwodny świat. Pod wodą jest niesamowicie pięknie i cicho. Pora już wracać... Mam nadzieję, że podobała ci się ta przygoda!

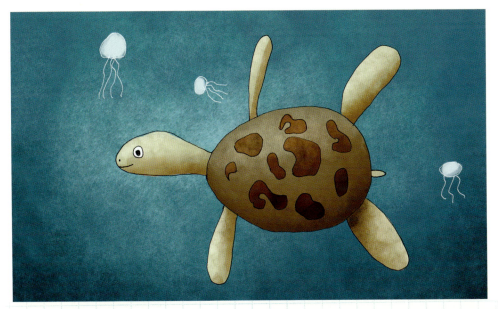

MOJA MYŚL PO PRZYGODZIE NA WYSPACH:
Wyspy Gili były wspaniałe: i te duże, i te małe!

Wyprawa na Komodo

Cześć! Dziś jeszcze zostaniemy w Indonezji i popłyniemy na wyspę Komodo. Słyszałeś kiedyś o smokach z Komodo? To takie ogromne jaszczurki nazywane smokami lub waranami, które mają w ślinie tyle bakterii, że z łatwością zabiłyby człowieka, a nawet dużą krowę. One są ogromne i potrafią szybko biegać. Dużo waranów żyje właśnie na wyspie Komodo w Indonezji.

Byłam akurat na małej rajskiej wysepce Gili. Stąd już niedaleko do Komodo, ale trzeba płynąć tam statkiem aż dwa dni.

Czeka mnie więc przygoda na statku! Mam nadzieję, że będziesz mi towarzyszyć i popłyniemy tam razem! Po drodze zwiedzimy też inne wyspy, no i będziemy nocować na morzu! Będzie super...

Obok Gili jest duża wyspa Lombok. Trzeba się na nią dostać, bo po jej drugiej stronie odpływają statki na Komodo.

Popłynęłam więc na Lombok, a tam szybko dostałam się na łódź. Nie był to ogromny statek wycieczkowy, ale łódź, która miała tylko kilka kajut. Wiesz, co to jest kajuta? To taki pokój na statku, kabina, w której można spać. W każdej z nich było dwupiętrowe łóżko, mały wiatrak, lusterko i wieszak. Ledwo zmieściliśmy tam nasze plecaki.

Część pasażerów nie miała kajut. Mogli za to spać na materacach ułożonych na podłodze na górnym pokładzie. Czyli na powietrzu... ;)

To też jest fajne, pomyślałam. Chyba nawet fajniejsze od spania w kajucie ;)

Nie mogłam się doczekać momentu, kiedy już wyruszymy. Zostawiłam plecak i pobiegłam popatrzeć, co widać za burtą. Hm...

Widziałam meduzy przepływające co jakiś czas. Bardzo łatwo je zauważyć w wodzie, wiesz? Mimo tego, że są przezroczyste. Wystarczy wypatrywać jakiejś jaśniejszej plamy na wodzie. Z reguły jest to właśnie meduza.

– Oooo... ruszyliśmy... – powiedziałam. Wiedziałam, że łódź odpłynęła, bo poczułam, że się rusza. To takie dziwne uczucie... Czasami kołysze nam się w głowie i trzeba na chwilę usiąść.

Płynęliśmy może z godzinę, kiedy kapitan statku zaproponował krótką przerwę na malutkiej bezludnej wysepce.

Super, pomyślałam i pobiegłam się spakować.

Łódź stanęła daleko od brzegu. Była zbyt duża, żeby podpłynąć blisko. Mogłaby utknąć na mieliźnie. Dlatego wsiedliśmy wszyscy do małej łódeczki i przewodnik zawiózł nas na ląd.

Wysiadłam. Od razu zauważyłam, że ta wyspa jest trochę dziwna. Nie było na niej piasku. Jej plaża była wysypana po brzegi dziwnymi białymi kamykami. Przyjrzałam im się dokładnie... To jednak nie były kamyki... To były połamane, martwe koralowce!

Jej... jakie to straszne, pomyślałam. Dlaczego tego jest tak dużo? Już nawet nie widać piachu. Zamiast niego są sterty szkieletów koralowców...!
Przewodnik zobaczył moją minę i po chwili powiedział:
– *It's a dynamite!* (To dynamit!).

Żywy koralowiec ma piękne kolory. Martwy jest cały biały.

Kiedyś ktoś mi powiedział, że niektórzy rybacy w ten sposób łowią ryby. Nie chce im się długo czekać i wolą podpłynąć do rafy, wrzucić do wody dynamit, czyli taką bombę, która pod wodą wybucha, i czekać, aż zabite ryby wypłyną na powierzchnię. To straszne! W ten sposób niszczą rafę, zabijają mnóstwo ryb, gąbek, ukwiałów i wiele, wiele zwierząt. A wszystko to tylko dlatego, że prościej im wrzucić do wody dynamit niż zarzucić wędkę!

W ten sposób zniszczyli tu całą rafę, która teraz leży połamana na plaży...

Siedziałam i patrzyłam na plażę i było mi bardzo przykro... Postanowiłam zobaczyć, ile rafy zostało w morzu. Włożyłam maskę i płetwy, wzięłam mój podwodny aparat i weszłam do wody. Płynęłam, ale po pięknej rafie nie było już ani śladu... W niektórych miejscach pod wodą leżały

Ojej, to przecież jest skrzydlica!

duże kamienie. Wyrosły na nich ukwiały, a błazenki (to takie biało-pomarańczowe rybki) znalazły tam dom...

Biedne te rybki, pomyślałam. Jak nie ma rafy, to nie mają domu. Nie mają jedzenia, schronienia... Nie można niszczyć raf! To, co zrobili rybacy, jest straszne! Płynęłam dalej i się rozglądałam. Po chwili przy dnie zobaczyłam coś dziwnego... Hm... Co to może być? – zastanowiłam się.

Woda była trochę zmącona i nie widziałam wyraźnie. Ale to było coś niedużego, brązowego i kołysało się w lewo i w prawo.

Podpłynę ostrożnie...

Ojej, to przecież jest skrzydlica! – pomyślałam.

To są ryby, które po bokach mają płetwy wyglądające jak skrzydła zakończone kolcami. Przypominają trochę skrzydła smoków. Trzeba bardzo uważać, bo w tych kolcach jest jad. Skrzydlice są płochliwe i nie atakują ludzi. Ale jak się za bardzo zbliżysz do takiej ryby, to ona może pomyśleć, że jest zagrożona, i zaatakować cię w obronie. Lepiej więc nie podpływać blisko. Lepiej zrobić jej zdjęcie na pamiątkę!

Biedna ta skrzydlica, pomyślałam. Ona tu nie ma gdzie się schować. Skrzydlice z reguły żyją w jakichś jamkach lub ukrywają się pod skałami. Kiedy jest rafa, bardzo trudno je znaleźć! A tutaj nie ma jak zniknąć. Pewnie się boi, biedna...

Chyba już czas wyjść z wody, pomyślałam, bo zaczęło lekko padać.

Wyszłam na brzeg. Na szczęście na plaży jest daszek, pod którym można się schować. Usiadłam i patrzyłam na resztki rafy. Pozostali turyści zrobili to samo – ukryli się z nami pod daszkiem i czekali na poprawę pogody. Nagle ktoś do nas przyszedł... Jak myślisz, kto mógł do nas przyjść, skoro wyspa jest bezludna...? Przyszedł do nas jedyny mieszkaniec tej małej wysepki... Czarny kot ;) Kotek był bardzo miły. Łasił się i widać było, że chciał się zaprzyjaźnić.

– Pewnie nikt cię nie głaszcze... – powiedziałam do niego, a on jakby zrozumiał, bo odpowiedział: – „Miau".

Kot siedział z nami pod daszkiem i czekał na poprawę pogody. Ciekawe, kto cię tutaj przywiózł, biedaku. I kto cię tutaj zostawił. Ciekawe, jak się czuje kot, który ma całą wyspę dla siebie?

– Jak myślisz, gdzie jest twój opiekun? – powiedziałam do kota. I popatrzyłam na niego. – Pewnie przypływa tu do ciebie, bo nie wyglądasz na głodnego kota! ;)

Nasz przewodnik nagle zaczął nas wołać, bo deszczyk przestał kropić i czas było wracać na łódkę. Pożegnałam się z kociakiem, pogłaskałam go jeszcze po główce i pobiegłam. Kotek odszedł i chyba cieszył się z tego, że ma całą wyspę dla siebie, bez psów i żadnych niebezpieczeństw...

Ja za to wracałam na łódź i już nie mogłam doczekać się nocy.

Ciekawe, jak będzie, pomyślałam. Nigdy nie spałam na łodzi...

Spojrzałam na niebo, które powoli robiło się coraz bardziej szare. Weszłam na pokład i pobiegłam do kajuty. Łódź ruszyła, a ja starałam się znaleźć latarkę. Bardzo chciałam poświecić w wodę i wypatrywać jakichś nocnych morskich zwierzątek...

– Mam! – powiedziałam. – Teraz pójdę poświecić w wodę. Nigdy nie byłam w nocy na morzu i jestem bardzo ciekawa, co się stanie.

Stałam przy burcie i świeciłam latarką w wodę. Wypatrywałam rybek i innych stworzonek. Nagle... nie wiadomo skąd... przy świetle mojej latarki pojawiła się w morzu cała ławica malusieńkich rybek! Płynęły do światła. Wyskakiwały na powierzchnię. Skakały jedna przez drugą. A ich brzuszki mieniły się i odbijały światło. Wyglądało to prześlicznie, jak gwiazdki na niebie ;) Zaczęłam się przypatrywać i zobaczyłam również inne zwierzątka. Przypłynęły też... krewetki. Małe, przezroczyste krewetki również zostały zwabione przez moją latarkę. Ciekawe, co one sobie myślą. Pewnie dziwią się, że nagle na środku morza pojawiło się jakieś światło ;)

Jest super! – pomyślałam. Ale pora już iść spać. Jest noc. Statek buja na lewo i prawo, a ja zrobiłam się już bardzo śpiąca...

Wróciłam do kajuty. Wyjęłam swój fioletowy śpiwór, rozłożyłam go na górnym łóżku i położyłam się spać... Nie mogłam jednak zasnąć. Patrzyłam na ścianę, na okno i co jakiś czas widziałam biegnącego karalucha. Widziałeś kiedyś karaluchy? To takie robaki, które z reguły można

spotkać tam, gdzie jest bardzo brudno... Potrafią w nocy chodzić po ludziach i wcale się nie boją...

Jej... jak ja bym chciała szybko zasnąć, pomyślałam. Chyba wolałabym spać na pokładzie, a nie w kajucie...

Na szczęście szybko usnęłam, a rano, kiedy się obudziłam, dopływaliśmy już na Komodo. Wstałam szybko. Musiałam stać w długiej kolejce do łazienki pokładowej, żeby się umyć, a potem poszłam na śniadanie.

Ze śniadania ruszyliśmy prosto na poszukiwanie straszliwych smoków! Mam nadzieję, że pójdziesz ze mną! Jesteś gotowy? No to w drogę ;)

Wsiadłam do mniejszej łódki, żeby podpłynąć na wyspę. Od razu przywitał nas przewodnik i poprosił, by rozglądać się dookoła, trzymać się blisko niego i nigdzie nie odchodzić. Ta wyspa jest naprawdę niebezpieczna! Tak jak już wcześniej mówiłam, żyją tu straszliwe smoki. Straszne mięsożerne jaszczurki. To warany z Komodo!

A wiesz, dlaczego warany z Komodo nazywane są najstraszliwszymi jaszczurkami na świecie?

Dlatego że są ogromne, silne, ciągle głodne, mięsożerne, a w ślinie mają aż 50 rodzajów bakterii. Jedno ugryzienie może zabić jelenia, a nawet krowę. W dodatku zdarzały się też ataki waranów na ludzi! Kilka nawet było śmiertelnych.

Dlaczego waran nazywany jest SMOKIEM?

Waran z Komodo jest największą jaszczurką żyjącą na świecie. Jest ogromny, dlatego niektórzy mówią na niego smok! W dodatku jego skóra przypomina skórę legendarnych smoków.

Mówi się „warany z Komodo", bo większość z nich żyje właśnie na wyspie KOMODO. Ale można je spotkać też na innych sąsiednich wyspach.

Mimo tego, że wydają się ciężkie i niezgrabne, warany potrafią bardzo szybko biegać. Biegają nawet z prędkością 20 km/h i mogłyby dogonić człowieka.

Dlaczego waran jest straszny?

Waran nie dość, że jest ogromny, to jeszcze ma 60 zębów! Ale najgroźniejsze jest jego ugryzienie! W ślinie warana jest aż 50 rodzajów groźnych bakterii, które mogą zabić konia, krowę, a nawet człowieka.

Gdzie uciec przed waranem?

Przed waranem nie uciekniesz ani na drzewo, ani do wody. Bo świetnie wchodzi na drzewa, no i potrafi pływać.

Przewodnik zaprowadził nas do domku przewodników. Tam od razu zapytał, czy ktokolwiek z nas jest na przykład skaleczony lub ranny. Nie wolno wchodzić do lasu waranów z jakimkolwiek skaleczeniem. Smoki wyczuwają krew, zbiegają się i atakują upatrzoną ofiarę.

Obejrzałam swoje nogi. Na szczęście nie byłam skaleczona i mogłam wejść do lasu. Otoczyli nas przewodnicy z długimi kijami. Każdy kij na końcu rozwidlał się na dwie części. To było coś w rodzaju widelca, ale z dwoma końcami.

To dla bezpieczeństwa, pomyślałam. Gdy jakiś waran podejdzie do nas zbyt blisko, przewodnik będzie go odganiał kijem.

Mam nadzieję, że ta metoda się sprawdza. Nie chciałabym zostać zjedzona przez warana, pomyślałam.

Przewodnik podzielił nas na dwie małe grupy. Jeszcze raz powiedział, że nikt nie może zostawać w tyle ani odłączać się od grupy... Opowiedział, że kiedyś na wyspę przyjechał pewien turysta. Nie wierzył w opowieści o waranach i o tym, że są one niebezpieczne. Chciał sam przejść przez las. Nie słuchał przewodników. Niestety nigdy nie wrócił z lasu. Znaleziono po nim tylko aparat fotograficzny...

Ja nie zamierzałam się odłączać ani chodzić gdziekolwiek sama. Na pewno będę się trzymać przewodników...

Przewodnik krzyknął po chwili:
– *Let's go!* (Idziemy!).
Ruszyliśmy... Szliśmy gęsiego po wąskiej ścieżce. Wokół były krzaki, drzewa i zarośla.

Hm... Nie wiem, czy to jest bezpieczne... Ta ścieżka jest bardzo wąska, pomyślałam.

Szliśmy gęsiego. Jeden za drugim. Rozglądałam się dookoła, ale nigdzie nie widziałam waranów.

– *How long will be the trip?* (Jak długa będzie wyprawa?) – zapytałam przewodnika.

– *One hour* (Jedna godzina) – powiedział przewodnik i pokazał na palcach „jeden". Hm... Trochę się boję, pomyślałam. Szłam dalej, ale po waranach nie było ani śladu. One pewnie nas widziały... Ale my ich – nie. Czytałam kiedyś, że waran podchodzi swoją ofiarę od tyłu. Potrafi iść za nią bardzo długo i zaatakować, rzucając się od razu do szyi...

Chodziliśmy po lesie wzdłuż i wszerz, jednak nie spotkaliśmy ani jednego warana... Postanowiliśmy wrócić do schroniska. Przewodnik powiedział, że jeżeli nigdzie w lesie nie znajdziemy waranów, to na pewno będą przy schronisku. A wiesz, po co warany przychodzą do schroniska? Nie uwierzysz ;) One przychodzą do kuchni! Zwabia je zapach jedzenia. Dlatego podobno tam właśnie jest ich najwięcej. Wyszliśmy z lasu. Szłam w kierunku schroniska, kiedy na drodze przede mną zobaczyłam warana. Był ogromny. Miał chyba ze 2 metry długości. Szedł spokojnie i co chwilę wystawiał i chował język. Jak wąż...

– O... O... – powiedziałam. – *Now what?* (Co teraz?) – zapytałam przewodnika.

– *Be calm!* (Bądź spokojna!)... *And get out of the way!* (I zejdź z drogi!) – odpowiedział.

Cieszę się, że mogłam zobaczyć prawdziwego smoka z Komodo! Zrobiłam mu nawet zdjęcia! Zobacz :)

Zeszłam ze ścieżki na trawnik, oddaliłam się kilka metrów od warana... i zaczęłam go obserwować.
– Ale super! – powiedziałam. Ale waran nie był wcale aż tak groźny. Szedł sobie spokojnie i nie zwracał uwagi na nikogo. Po prostu sobie spacerował...
Na nikogo nie polował i nie był agresywny. Chyba był najedzony, bo wracał z kuchni schroniska... Ale lepiej nie ryzykować i nie podchodzić do niego. To są bardzo niebezpieczne zwierzęta!

Poszłam dalej w kierunku schroniska. Nie wiem, jak to się stało, ale przy schronisku leżały waran na waranie! Zgromadziło się ich tyle, że aż strach było się poruszać!
Jej... Ile ich tu jest...! Mają kolor ciemnozielony! Łatwo ich nie zauważyć, pomyślałam.
– To ja chodziłam godzinę po lesie, szukając warana, a wystarczyło poczekać, aż one same przyjdą do kuchni schroniska! – Zaczęłam się śmiać ;)
Ta przygoda była super. Mam nadzieję, że ci się podobała.

MOJA MYŚL PO PRZYGODZIE NA KOMODO:
Możesz szukać aż do rana, ale i tak w kuchni znajdziesz warana!

Straszliwe ROBALE

Cześć! Dziś pojedziemy do Tajlandii. Często podróżuję właśnie tam, bo to jeden z moich ulubionych krajów! Pamiętasz, jaki to kraj, prawda? Pisałam o nim w mojej pierwszej książce. Jest w kształcie głowy słonia! Pamiętasz?

Spójrz na mapę ;)

Więc moja przygoda zaczęła się pewnego poranka. Zwiedzałam właśnie północną część Tajlandii (czyli górną) i jechałam drogą. Nagle zauważyłam drogowskaz z reklamą. To był znak na drodze, z ogromnym zdjęciem jakiegoś robala i strzałką w bok.

Hm… – pomyślałam. To jest reklama jakiegoś insektarium!

A wiesz, co to jest insektarium? Ta nazwa pochodzi od słowa INSEKT. Czyli owad. Insektarium to takie „OWADARIUM" ;)

Czyli znajdziesz tam przeróżne owady!

Ciekawe, jakie mają tam insekty?

Jestem w Azji, więc na pewno jest tu masa dziwnych stworzeń, których w Polsce nie zobaczę. Albo zobaczę tylko w zoo. Będzie fantastycznie, jeżeli odwiedzę to miejsce! Poprosiłam przewodnika, żeby skręcił samochodem w kierunku wskazywanym przez strzałkę, i zjechaliśmy na parking.

Wysiadłam z samochodu i poszłam do kasy kupić bilet. Stały tam przeróżne pocztówki z owadami, książeczki z motylami, mapki i pamiątki.

Czuję, że będzie super! – pomyślałam i już nie mogłam doczekać się zwiedzania.

Wiesz, co jest najfajniejsze w takich miejscach? Że opiekunowie zwierząt są bardzo mili. Dużo o nich opowiadają i pozwalają brać je na ręce.

Ja bardzo lubię owady. A czy ty masz jakiegoś ulubionego owada? A czy może istnieje taki, którego się strasznie boisz?

Ja w domu mam małe terrarium, a w nim – dwa patyczaki i jednego straszyka diabelskiego, zobacz ;)

PATYCZAK
to taki owad, który wygląda jak patyk z nogami :)

Bardzo lubię je obserwować i prowadzę też zeszyt z notatkami i rysunkami. Zapisuję w nim wszystko, co udało mi się zaobserwować. Na przykład to, że patyczaki jedzą listki, spijają wodę ze ścianek terrarium i że nie boją się ludzi.

Myślę, że tu zobaczę wiele fajnych zwierząt. No to co? Wchodzisz ze mną? ;) No to idziemy!

Weszłam do insektarium. Na początku był ogromny pokój, w którym znajdowało się tyle motyli, że w życiu takiej ilości nie widziałam! Tylko że wszystkie były w gablotkach na ścianie... One nie były żywe, tylko już ususzone...

Szkoda... – pomyślałam. Ale motylki żyją bardzo, bardzo krótko...

Przyglądałam się tym pięknym okazom. Były niesamowite! W Polsce nie ma aż tylu gatunków motyli. Ja widziałam u nas głównie białe i żółte motylki, nazywane kapuśniakami albo cytrynkami. Widziałam też pazia królowej. Jest przepiękny!

Patrzyłam na ścianę, na której wisiało dużo różnych motyli.

Szkoda, że nie mogłam zobaczyć, jak latają, pomyślałam.

– Idę dalej! – powiedziałam i wyszłam przez drzwi znajdujące się po drugiej stronie sali... wprost do jakiegoś ogrodu.

I wiesz co? To był zaczarowany ogród! A przynajmniej tak mi się wydawało, bo latało w nim takie mnóstwo motyli, że w życiu tylu nie widziałam na własne oczy! Nad wejściem wisiał napis: **Butterfly Garden**, czyli „motyli ogród".

– Ale super! – krzyknęłam i podskoczyłam do góry. – Jestem w motylim ogrodzie!

Weszłam do środka i zaczęłam iść po jednej z dróżek. Rozglądałam się dookoła. Było dużo pięknych kwiatów, na których co chwila siadały motyle. Jakby chciały tylko odpocząć, bo zaraz leciały już dalej...

Wszystko wyglądało jak w bajce...

Rozglądałam się wokoło. Ogród od góry przykryty był siatką, żeby motyle nie uciekły. Dróżki usypano ze żwirku,

a w niektórych miejscach opiekunowie poukładali słodkie owoce. Motyle przylatywały spijać z nich soki. To było bardzo fajne, bo można było usiąść i czekać, aż motyle same do ciebie podlecą! No, może nie do ciebie, ale do owocu ;)

Postanowiłam to sprawdzić i usiadłam obok dużego kawałka arbuza ;) Przestałam się ruszać i czekałam…

Zaraz przyleciał jeden, drugi, trzeci, czwarty motyl…

Spijały soki! A po chwili zaczęły siadać także na mnie!

– Ojej… – zawołałam. – One chyba myślą, że ja też jestem jakimś owocem!

Nie mogłam być długo nieruchoma, bo już prawie zdrętwiałam ;) W końcu się ruszyłam i wszystkie motyle nagle odleciały w górę…

– Pa, pa, motylki! – pożegnałam się z nimi i nagle zauważyłam, że z ogrodu można przejść dalej. Między roślinami jest ukryte przejście, które prowadzi gdzieś na zaplecze.

Idę zobaczyć, co tam jest, pomyślałam i skierowałam się do przejścia.

Przecisnęłam się między roślinami i wyszłam na zewnątrz ogrodu. Rozejrzałam się i... nie mogłam w to uwierzyć! Trafiłam na prawdziwą hodowlę insektów!

Dookoła mnie stały terraria, klatki i akwaria. Były ich dziesiątki!

Podeszła do mnie opiekunka zwierząt. Przywitała się i poprosiła, bym poszła za nią, to coś mi pokaże. Podeszła do pudełka i wyjęła kwiat orchidei, czyli storczyka.

Wiesz, jak wygląda orchidea, prawda? To taki kwiat, który rośnie na drzewach w Azji i jest pasożytem. U nas, w Polsce,

MODLISZKA
to bardzo ciekawy owad.

Jej nazwa – "modliszka" – wynika z jej wyglądu. Jeśli się przyjrzysz, to zobaczysz, że przednie łapki trzyma złączone. Wygląda tak, jakby się modliła. Stąd właśnie nazwa: MODLI-SZKA.

można ją kupić w sklepach. Z reguły są sprzedawane w przezroczystych doniczkach. To dlatego, że ich korzenie muszą mieć dostęp do światła. To wynika z naturalnych warunków, w jakich żyją storczyki. Kiedy orchidea przyczepia się do drzewa, jej korzenie chwytają się zewnętrznej części kory i dzięki temu są w słońcu.

Opiekunka wyjęła więc kwiat orchidei i pokazała mi go na dłoni.

Patrzyłam na niego… A po chwili zobaczyłam, że ten kwiat jakoś dziwnie się porusza. Jak myślisz, co to mogło być? Bo okazało się, że to wcale nie był kwiat! A więc co to takiego? Domyślasz się?

To modliszka! Była tak ubarwiona i miała taki kształt, że przypominała kwiatek orchidei. Miała ciałko w kształcie płatków!

– Super! – powiedziałam i uśmiechnęłam się do pani. Ona za to bardzo chciała położyć mi tę modliszkę na rękę...

Trochę się bałam, ale tylko przez chwilę, i wystawiłam dłoń... Modliszka nie była płochliwa. Siedziała sobie u mnie i wcale się nie bała. Była tak lekka, że prawie jej nie czułam. Postanowiłam jej się dobrze przyjrzeć!

Modliszka jest drapieżnikiem. To oznacza, że poluje na muchy, motyle i inne owady. Zdarza się nawet, że jedna modliszka zje drugą. Na przykład samica – samca.

Żeby polować, modliszka musi się ukryć i przyczaić. Właśnie dlatego natura dała jej kamuflaż, czyli sposób na to, żeby stać się mało widoczną. Dzięki temu modliszka może się ukryć i zapolować. Owad, którego teraz oglądam, to modliszka storczykowa. Upodabnia się do kwiatów storczyka. Wchodzi na orchideę i czeka, aż podejdzie jakiś owad. Wtedy atakuje go i zjada.
Ten rodzaj modliszki żyje właśnie tutaj, w Azji!

Ale fajnie... – pomyślałam. Muszę zrobić jej zdjęcia.
Zobacz, jakie fotki udało mi się jej zrobić ;)

On próbuje powiedzieć:

Patrzysz na mnie, ale mnie nie widzisz, bo jestem liściem...

OK. Trzeba już odłożyć modliszkę na miejsce, żeby się za bardzo nie zdenerwowała. Idziemy zwiedzać dalej. Pani otworzyła następny pojemnik i wyjęła tym razem... liść! Liść? Jak to liść? – zdziwiłam się.

Wcześniej kwiat, teraz liść! Ale śmiesznie! Co to jest tym razem?

Po chwili przeczytałam napis na pojemniku: *Phyllium*. Ale nie wiedziałam, co on znaczy... Zaczęłam się zastanawiać i po chwili zrozumiałam. To nie był zwykły liść, tylko oczywiście owad!

– To jest LIŚCIEC! – ucieszyłam się. To taki owad, który swoim wyglądem przypomina liść. Żyje na gałązkach i udaje liść ;) Widziałam kiedyś takie owady w książce!

Czasami można się naprawdę pomylić ;) Liściec potrafi bardzo długo siedzieć nieruchomo na gałązce albo falować razem z wiatrem. On naprawdę udaje liść! To jego sposób przetrwania! Bo dzięki temu ukrywa się przed drapieżnikami.

Wzięłam liśćca delikatnie w rękę. Wyglądał, jakby był nadgryziony, ale tak naprawdę nic mu nie było. On po prostu tak wyglądał! Miał brązowe plamki i nierówne boki. Żeby jeszcze bardziej przypominać to, czym nie był!

Podziękowałam pani za liśćca i odłożyłam go do pojemnika. Pożegnałam się też z nim i poszłam dalej zwiedzać ten niesamowity świat insektów ;)

Widziałam karaczany, patyczaki, pająki. Pani pokazała mi też dużo innych owadów, które tu, w Tajlandii, są jadalne!

Ale najbardziej przestraszyłam się, gdy podeszłam do okrągłego pojemnika stojącego na ziemi. Był przykryty jakąś folią, którą pani po chwili zdjęła.

Zastanawiałam się, co się kryje w tym pojemniku...

Zajrzałam do środka, a tam… Dziesiątki małych skorpionów! Biegały w lewo i w prawo, po sobie i pod sobą… Jak mrówki w mrowisku…

– Ooooo… – powiedziałam i zrobiłam krok do tyłu. Nigdy nie widziałam takich malutkich skorpioników. To jeszcze są dzidzie… Popatrzyłam na nie przez chwilę, ale zaraz zaczęłam się zastanawiać… Skoro są dzidzie skorpiony, to gdzieś muszą być rodzice…

– O! – zawołałam i popatrzyłam na drugi pojemnik przykryty folią. Pani to zauważyła, bo podeszła i go odkryła.

– No nie… – powiedziałam. Na taki widok nie byłam przygotowana… Tam właśnie były dorosłe skorpiony! Tyle skorpionów w jednym miejscu… Nigdy czegoś takiego nie widziałam!

Pani wzięła jednego skorpiona na rękę. Chciała go uśpić, więc przykryła go drugą dłonią, tak by nie dochodziło do niego światło. Skorpion stwierdził, że jest już ciemno, i poszedł spać…

Widziałam już kiedyś coś takiego, pomyślałam. Kiedyś w dżungli mój przewodnik usypiał tak skorpiona wyjętego z norki. Teraz pani z insektarium zrobiła to samo. To musi być znana metoda usypiania skorpionów.

Pani po chwili podniosła rękę i pokazała mi, że skorpion usnął. Poprosiła, bym wystawiła swoją dłoń. Chciała mi go dać potrzymać…

Trochę się bałam… Przecież to jest skorpion!

Zastanawiałam się chwilkę, ale po namyśle wyciągnęłam dłoń.

PIERWSZA POMOC W PRZYPADKU UKŁUCIA PRZEZ SKORPIONA

Jeśli wybierasz się w daleką podróż, powinieneś wiedzieć, jak się zachować, gdy stanie się coś złego. Na przykład, kiedy ukłuje cię skorpion. Większość gatunków skorpionów nie jest niebezpieczna dla ludzi. Mogą się jednak zdarzyć też takie bardzo, ale to bardzo jadowite. Więc jeżeli nie znasz gatunku skorpiona, to nie podchodź do niego. Zawsze słuchaj kogoś dorosłego, kto zna się na tych zwierzętach!
Ja zawsze zabieram ze sobą w podróż urządzenie do wysysania jadu. Jest małe, wygląda jak strzykawka, tylko zamiast igły ma bańkę do ssania. Kiedyś tak wyssałam z ręki jad mrówki!

Nie wiedziałam, czy zamknąć oczy i czekać, aż poczuję skorpiona, czy być odważna i patrzeć się na niego... Nie wiedziałam, co będzie lepsze...

A ty co byś zrobił? Ja postanowiłam być odważna i patrzeć!

Pani podeszła do mnie i powolutku zaczęła nachylać swoją dłoń, tak by skorpion zsunął się na moją rękę... Zsuwał się... Zsuwał... Wprost do mojej dłoni...

Oj... Chyba jednak zamknę oczy, pomyślałam.

Ale nie zamknęłam! Po chwili poczułam, że mam skorpiona na dłoni. Miał twardy pancerz i był bardzo lekki. Byłam w szoku, że trzymam prawdziwego skorpiona, który nie ucieka!

Niepotrzebnie się bałam, bo wiesz, co zrobił skorpion? On poszedł dalej spać!

Jeju! On śpi i w ogóle się nie rusza... Lepiej go oddam, bo jeszcze się obudzi i zapragnie wspiąć się po mojej ręce aż na głowę, pomyślałam ;)

Poprosiłam panią, by zabrała już zwierzątko... Chyba źle mnie zrozumiała, bo zdjęła skorpiona z mojej ręki i położyła mi go na bluzce na brzuchu!

Skorpion złapał się mnie i mocno się trzymał. Ale już nie spał. Po prostu sobie na mnie siedział. Nie wiedziałam, czy mogę się ruszać, czy lepiej stać nieruchomo. Tak naprawdę to chyba zesztywniałam. Wyobrażałam sobie, że on nagle zacznie się po mnie wspinać...

Nie chcę mieć skorpiona na głowie, pomyślałam.

Ale skorpion wcale się nie ruszał i nie zamierzał nigdzie chodzić.

Nela – mała reporterka

– Co, malutki? Śpiący jesteś? – powiedziałam do skorpiona. – Mam nadzieję, że nie jesteś głodny i nie przyjdzie ci do głowy polować! – dodałam.

Pani w końcu zdjęła ze mnie skorpiona i odłożyła go do jego domku.

Ufff... Co za przygoda! Dobrze, że w insektarium była opiekunka zwierząt! Ja nigdy sama nie wzięłabym do ręki skorpiona. Niektóre z nich potrafią być bardzo niebezpieczne!

Takie rzeczy można robić tylko pod opieką dorosłych, którzy znają te zwierzęta. Niektóre skorpiony potrafią być bardzo, ale to bardzo jadowite! Więc trzeba ogromnie uważać!

NIGDY NIE WOLNO BRAĆ SAMEMU DO RĄK NIEBEZPIECZNYCH ZWIERZĄT!

MOJA MYŚL PO PRZYGODZIE W INSEKTARIUM:
Nie wiesz, co to? Nie dotykaj!
Idź i lepiej mamę spytaj!

Świątynia Małp

Cześć. Dziś będziemy zwiedzać niesamowitą świątynię w Indonezji. Jest niesamowita dlatego, że jest domem dla wielu rodzin małp! Niektórzy mówią na nią Świątynia Małp, Małpi Gaj albo Małpi Las. W każdym razie jest to zupełnie inny świat. I kiedy do niego wchodzisz, musisz się liczyć z zupełnie innymi zasadami niż te, które panują w „normalnym", ludzkim świecie...

Park nazywany Świątynią Małp składa się z bardzo starych kamiennych świątyń. Jest otoczony ogromnym murem, a budowle są porośnięte dużymi, starymi drzewami, z których zwisają liany. W parku zamieszkały małpy. Podobno jest ich już ponad 6000!

Mam nadzieję, że wybierzesz się ze mną w tę podróż i nie będziesz się bać!

Świątynia Małp

Wyobraź sobie, że nagle znajdujesz się na innej planecie, gdzie ludzie są tylko gośćmi, a wszystkie zasady ustalają małpy... Czyli rządzą zwierzęta! A tych małp jest tyle, że gdyby cię zaatakowały, na pewno byś się od nich nie opędził...!

Pewien przewodnik powiedział, że na zwiedzanie Małpiego Gaju najlepiej wybrać się albo wcześnie rano, albo późnym popołudniem.

Nie powinno się wchodzić tam w południe. A wiesz dlaczego? Dlatego że wtedy małpy są najbardziej głodne i szukają jedzenia. A kiedy małpa jest głodna, to jest zaczepna. Niektóre mogą być też agresywne i uparte. Więc najlepiej, jeśli pójdziemy do tego lasu z samego rana i wyjdziemy przed południem. Trzeba będzie co jakiś czas sprawdzać godzinę, żeby się nie zasiedzieć...!

Mieszkałam w hoteliku, w którym był taras z kuchnią bezpośrednio nad malutką ulicą. Na dziedzińcu tego hotelu był kamienny basenik z wodą tak zieloną, że chyba

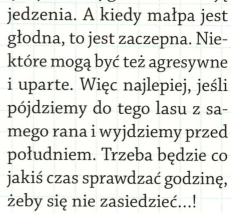

To jest dziewczynka, z którą zaprzyjaźniłam się w hoteliku. Ona mieszka w Indonezji, a dokładnie na wyspie Bali.

od bardzo dawna nikt się tam nie kąpał, a sam basen zamienił się już w sadzawkę ;) Było też bardzo dużo egzotycznych, mocno zielonych roślin. Gdzieniegdzie wisiały lampioniki, które właściciele hotelu zapalali co wieczór. Siedziałam na tarasie przy bardzo niskim kwadratowym stoliku. Był tak niski, że każdy, kto chciał przy nim zjeść, musiał usiąść po turecku na podłodze. Wiesz, jak się siada po turecku? Nogi są założone jedna na drugą, w taką jakby kokardkę. Więc siedziałam tak i jadłam śniadanie. Owoce i tosty. Były przepyszne. Dostałam mango, banana i arbuza...

– Hm.. Najadłam się... – powiedziałam. – Teraz czas wyruszyć na poszukiwanie nowej przygody!

Zostawmy nasze plecaki w hotelowym pokoju i chodźmy do Świątyni Małp. No to co? Idziesz ze mną? Nie boisz się małp?

Świątynia nie była daleko od mojego hoteliku. Wystarczyło iść z pięć minut główną drogą. Szłam i po drodze mijałam przeróżne sklepiki i barki. Szły też dzieci z pobliskiej szkoły, które strasznie hałasowały. Śpiewały i waliły w bębenki.

– Hm... Co się tam dzieje? – zapytałam i spojrzałam na chłopców z dziwnymi ozdobami na głowie, poubieranych w białe stroje. Inni byli poprzebierani za smoki.

To chyba jakieś święto, zastanawiałam się. Okazało się, że chłopcy zbierali pieniądze na szkołę. Wyciągnęłam z kieszonki banknot i wsadziłam do skarbonki. Przez chwilę przyglądałam się jeszcze chłopcom, ale zauważyłam, że turyści nie byli chętni do wrzucania im pieniędzy.

Mam nadzieję, że uda im się trochę uzbierać, pomyślałam i poszłam dalej.

Doszłam pod bramę Małpiego Gaju. Była kamienna i wydawała mi się ogromna i tajemnicza. Jakby odgradzała dwa zupełnie inne światy...

Dowiedziałam się, że do parku nie należy zabierać ze sobą żadnego jedzenia i picia. Nie wolno mieć czapek, okularów, toreb czy innych rzeczy, które mogą wydać się małpie interesujące. Kiedy coś ją zaciekawi, nie będzie pytała ciebie o zgodę, ale podejdzie i ci to zabierze. Ucieknie potem gdzieś na drzewo i już nie odda swojej nowej zdobyczy. Ja specjalnie nie wzięłam ze sobą żadnych toreb, plecaków czy czapki. Żeby nie mieć małpiego problemu ;)

Tuż przed kamienną bramą rozstawiono stolik. Nie zgadniesz, co na nim było! Ktoś poukładał tu całe sterty bananów!

Podeszłam do stolika. Dopiero kiedy się zbliżyłam, zauważyłam po jego drugiej stronie dwie siedzące panie, które sprzedawały te banany.

To dziwne... Zamyśliłam się. Wszędzie mówią o tym, żeby nie karmić małp, bo to jest niebezpieczne, żeby nie wchodzić z jedzeniem do parku, a tu przed samym wejściem ktoś rozstawił bananowy sklepik.

Wiesz co? Ja nie zamierzałam niczego kupować. Przecież wiemy, jakie potrafią być małpy, więc nie wolno ryzykować, prawda? Nawet jeśli ktoś sprzedaje banany pod samym wejściem, należy mieć swój własny rozum! ;)

A wiesz, co to są liany?

To takie rośliny, które wspinają się na inne rośliny, na przykład na drzewa. Owijają się wokół gałęzi, a potem z nich zwisają. Ich powierzchnia jest twarda, ale w środku są elastyczne.
Dzięki temu są bardzo mocne i trudno się łamią. Kiedyś mówiło się, że ludzie żyjący w dżungli używali lian, żeby się przemieszczać z drzewa na drzewo.

Ominęłam sklepik i podeszłam do bramy. Z boku rosło ogromne drzewo. Musiało być bardzo stare, bo ciężko pochylało się w jedną stronę. Z jego gałęzi zwisały liany. A korzenie były tak rozległe, że aż wrastały w kamienną bramę...

Wygląda to jak bajka, pomyślałam. Wchodzę!

Weszłam do środka. Zaraz za bramą zobaczyłam pierwszą małpę. To był makak. Tutaj, w tym parku, żyją właśnie małpki nazywane makakami. Spojrzałam na nią. Nie bała się ani trochę. Ani mnie, ani innych turystów. Była odważna i chodziła sobie po chodniku, jakby mówiła: „Uwaga! Idę! Zejdźcie mi z drogi". Widać, że uważała ten park za swój dom, do którego ludzie przychodzą tylko na chwilę.

Szłam ostrożnie po kamiennym chodniku. Nagle zobaczyłam, że te małpy są tak naprawdę wszędzie: na drzewach,

MAKAK to gatunek małpy. Tutaj, w Indonezji, żyją makaki jawajskie, które wyglądają właśnie tak.

na murach, na kamiennych rzeźbach... Gdziekolwiek spojrzałam, wszędzie widziałam małpy! Wcześniej ich nie zauważyłam, bo mają taki kolor futerka, który łatwo wtapia się w otoczenie. Gdyby był inny, na przykład czerwony albo fioletowy, to od razu bym je zobaczyła. Przyroda specjalnie dała im taki kolor futra jak otoczenie, w którym żyją, żeby drapieżnik trudniej je zobaczył. To rodzaj kamuflażu.

– Więc one są wszędzie! – powiedziałam i stanęłam w bezruchu. Starałam się zaobserwować ich jak najwięcej, ale nie było to takie łatwe. W każdym razie małpki się mną nie przejmowały. Miały swój małpi świat. Ganiały się, krzyczały na siebie, przytulały się i robiły wszystko, co tylko przyszło im do głowy.

CO BY BYŁO, GDYBY MAŁPA MIAŁA CZERWONE FUTERKO?

Makak z prawdziwym futerkiem.

Zobacz, co by było, gdyby makak był innego koloru. Trudno byłoby mu się ukryć! Ale makaki nie są czerwone. To tylko moja wyobraźnia!

Poszłam dalej. Małp było tyle, że co kilka kroków spotykałam jedną albo nawet i kilka małp.

Nic dziwnego, że co chwila widzę małpę, pomyślałam. Jest ich tu przecież ponad 6000!

Ale kiedy to sobie uświadomiłam, zaraz zaczęłam się zastanawiać nad jedną bardzo ważną rzeczą... A ciekawe, jak ktoś je wszystkie policzył? Ja nie wyobrażam sobie policzyć 6000 skaczących i biegających małp. To musiała być trudna praca...

Szłam i rozglądałam się dookoła. Dotarłam do małego placyku, na którym stała grupka ludzi. Jedna z pań miała ze sobą torebkę i okulary przeciwsłoneczne na głowie. Nagle zdarzyło się coś, czego można było się spodziewać. Podeszły do niej dwie małpy. Jedna od przodu, druga od tyłu. Pani nie widziała tej małpy z tyłu, bo się nie rozglądała,

tylko patrzyła cały czas na tę jedną, która podchodziła od przodu. Nagle ta druga małpa skoczyła pani na torebkę i próbowała ją wyrwać! Pani krzyczała i mocno trzymała torebkę. Chciała ją odebrać małpie. Ta jednak nie zamierzała oddać zdobyczy. Pani siłowała się z małpą i krzyczała do niej, żeby puściła torebkę. Małpa na pewno nic nie rozumiała, ale nawet gdyby tak było, nie puściłaby torby. Bo w małpim świecie jest tak, że TO, CO MAŁPA ZŁAPIE, NALEŻY JUŻ DO MAŁPY! Po chwili na tę panią wskoczyła druga małpa, która podeszła od tyłu. Wskoczyła najpierw na jej plecy, a potem wspięła się na głowę. Ściągnęła szybko okulary, zeskoczyła i uciekła... Wtedy ta druga, która trzymała torebkę, puściła zdobycz i odskoczyła gdzieś na drzewo... Wyobrażasz to sobie?

To był zaplanowany atak, pomyślałam. One chyba to wszystko obmyśliły! Jedna złapała torebkę, a druga wskoczyła po okulary.

Niektórzy mówią, że to są zorganizowane małpie gangi ;)

Widziałam potem, jak pani wspólnie z innymi osobami próbowała zwabić małpę do siebie, żeby oddała jej okulary. Ale nic z tego. Małpa bawiła się swoją nową zabawką. Gryzła ją i chciała sprawdzić, czy to przypadkiem nie jest coś do jedzenia.

Hm... Te okulary raczej już nie będą się nadawać do noszenia... Chyba że ktoś chce patrzeć przez rozgryzione szkiełka...

Poszłam dalej. Chciałam zwiedzić jedną ze świątyń. Aby tam wejść, trzeba włożyć *sarong*, czyli taką chustę

zakrywającą nogi. Dzieci mogą zawiązać sobie w pasie szal z materiału. Podeszłam do strażnika świątyni. Zwyczaj mówi, że aby wejść do środka, powinno się ofiarować jakiś datek. Czyli drobny pieniążek. Miałam kilka monet, więc wrzuciłam je do skarbonki. Pan zawiązał mi w pasie szal i weszłam do świątyni.

– Uaaa… – westchnęłam. To był plac z kamienia. Na środku stały ogromne rzeźby przedstawiające węże. Ludzie, którzy tu mieszkają, wierzą, że świat został zbudowany na ogromnym żółwiu. Jeżeli ten żółw się rusza, to są trzęsienia ziemi, wybuchy wulkanów, tsunami i inne nieszczęścia. Spokoju strzegą właśnie morskie smoki, które wyglądają jak węże. Oplatają żółwia i czuwają, żeby się nie poruszał. Dlatego w świątyniach w Indonezji często można zobaczyć rzeźby żółwia i smoków.

Podeszłam do ogromnego kamiennego smoka. Chwilę potem usłyszałam dziwny dźwięk. Jakby skrobanie.

Co to może być? Zaczęłam się zastanawiać i obeszłam smoka dookoła. Nagle zobaczyłam makaka. Stał przy ścianie... Właściwie to bardziej wisiał na niej i wyglądał jak przyklejony. Co on tam robił?
Po chwili zauważyłam, że ten makak lizał kamienny murek. Lizał i lizał, i lizał...
Hm... Jak to śmiesznie wygląda, pomyślałam.
A wiesz, dlaczego małpka lizała murek? Jak myślisz, po co to robiła?

Świątynia Małp

Ja wpadłam na to po chwili. Zaczęłam się jej przyglądać i zrozumiałam. Ona lizała murek z kamienia. W tym kamieniu musiało być dużo minerałów. Ta małpka zlizywała jakiś ważny minerał, który był jej potrzebny! No widzisz! My chodzimy do apteki po różne minerały, a małpki zlizują je z kamieni. Zwierzęta chyba lepiej wiedzą, gdzie szukać potrzebnych im substancji. Człowiek po prostu idzie do apteki.

A zastanawiałeś się kiedyś, co by było, gdyby ludzie mieli taki zmysł jak zwierzęta? I potrafiliby znaleźć, tylko za pomocą zmysłów pierwiastki potrzebne im do życia? Mogłoby wyglądać dziwnie, gdyby jakiś człowiek zaczął nagle lizać ścianę. Chyba byłoby śmiesznie ;)

Poszłam dalej. Szłam przez kamienny most. Wszystko wyglądało jak jakaś dawno zapomniana kraina, która skrywa tysiące tajemnic i jeszcze więcej skarbów.

Wielkie drzewa z lianami były właściwie wszędzie. A ogromne korzenie i bluszcze obrastały wszystkie kamienne świątynie. Weszłam na piękny kamienny mostek zakończony po dwóch stronach dwiema głowami smoków. Pod mostkiem płynęła mała, kręta rzeczka.

Nela – mała reporterka

Chciałam zobaczyć, co się kryje po tej stronie parku. Jak myślisz? Co tam mogło być? No oczywiście, następna rodzina makaków! Spotkałam już drugą rodzinę, która mieszkała sobie po tej stronie parku. Makaki są terytorialne, co oznacza, że strzegą miejsc, w których żyją. Każda rodzina zamieszkuje jakieś inne miejsce i pilnuje, żeby nie wchodziły do niego małpy z innej rodziny. Zwierzęta skakały i ganiały się po mostku. Bujały się na lianach. A najfajniejsze było to, że zeskakiwały z tych lian do wody!

Ale fajnie mają te małpy, pomyślałam. Ja też bym chciała tak bujać się na lianie, a potem skoczyć do wody. Oczywiście, do głębokiej wody, żeby się nie połamać!

Makaki chyba dobrze się bawiły, bo krzyczały do siebie. Ganiały się i skakały do wody. Ale to był widok! Tylko pluski i pluski!

Poszłam dalej. Ten Małpi Gaj był naprawdę bardzo duży. Tak duży, że nie zauważyłam, kiedy weszłam bardzo daleko

Makaki potrafią pływać! A nawet nurkować!

w głąb. Robiło się coraz bardziej ciepło i parno.

Zastanowiłam się, która jest godzina. Robił się straszny upał.

Spojrzałam na zegarek. Było już południe! Czyli godzina dwunasta! Wiesz, co to znaczy? Pamiętasz, przed czym ostrzegał przewodnik? Żeby nie chodzić po parku w południe, bo małpy zaczynają wariować i być głodne. Czyli skakać po ludziach, domagać się jedzenia i kraść...

Nie wiem, czemu te małpy są takie głodne. W tym parku się je dokarmia. Stoją tu specjalne klatki z jedzeniem dla małp.

Szłam już w kierunku wyjścia, a po drodze mijałam całe małpie rodziny. Widziałam też malutkie makaki, które bardzo mocno trzymały się swoich mam. Chyba bały się odczepić i zgubić. Wiedziałam, że są bardzo malutkie, bo jeszcze piły mleko!

Rozglądałam się dookoła i widziałam, jak makaki powoli zaczynają szaleć. Zaczęły skakać na ludzi, zaczepiać

Nela – mała reporterka

ZOBACZ,
to są klatki z jedzeniem dla małp.

One dostają tu takie słodkie ziemniaki. Te ziemniaki to bataty. Są bardzo zdrowe! Również dla ludzi!

W naturalnym środowisku makaki jedzą owoce, warzywa, insekty, ale i KRABY! Dlatego czasami nazywa się te małpy *Crab-eating macaque* czyli „makak jedzący kraby" ;)

ich i wyrywać coraz więcej rzeczy, a do tego przeraźliwie krzyczały i na siebie, i na ludzi!
– Muszę jak najszybciej wyjść z parku – powiedziałam i przyspieszyłam kroku. Po kilkunastu minutach byłam już przy bramie. Obejrzałam się jeszcze za siebie i stwierdziłam:
– Te małpy zachowują się, jakby były w małpim gaju! Ktoś naprawdę bardzo trafnie nazwał to miejsce!
Wyszłam więc, zdyszana, ale szczęśliwa! Miałam dużo zdjęć i jeszcze więcej wrażeń ;) Ale to była przygoda!

MOJA MYŚL PO PRZYGODZIE W MAŁPIM GAJU:
Małpki psocą, rozrabiają i się ludzi nie słuchają!

Czy boisz się HIPOPOTAMA?

Cześć! Dziś czeka nas naprawdę fajna przygoda! Wybierzemy się na obserwację hipopotamów, które żyją w Afryce! Mówi się, że hipopotamy to jedne z najbardziej niebezpiecznych zwierząt na świecie, wiesz? Dziwne, prawda? One są przecież takie okrąglutkie i wyglądają tak przyjaźnie i spokojnie... Ale zdradzę ci sekret. Hipopotamy są odpowiedzialne za wiele, wiele ataków na ludzi. W tym również śmiertelnych!

Trzeba wiedzieć, jak obserwować hipopotamy, żeby nic nam nie zrobiły. No i zawsze pamiętać, że nie są to miłe, okrągłe zwierzątka, które można podrapać za uchem, ale bardzo agresywne, duże i ciężkie zwierzęta z ogromnymi kłami!

Czy boisz się hipopotama?

Pamiętaj, że im cięższe zwierzę, tym ma więcej siły! Bo siła zależy między innymi od masy ciała.

Kiedy już to wiemy, możemy wyruszyć w podróż! Będziemy przyglądać się tym przepięknym, ale niebezpiecznym zwierzętom!

Moja przygoda zaczęła się pewnego poranka na sawannie w Afryce. Wstałam rano, po nocy, którą przespałam w ogromnym namiocie pośrodku sawanny. Kiedyś już ci o nim opowiadałam. Pamiętasz przygodę na safari? To właśnie było tam!

Nasz przewodnik zaproponował, by pojechać na obserwację hipopotamów. To zwierzęta, które żyją w rzekach i jeziorach. Czyli są słodkowodne. Żaden hipopotam nie żyje w morzu. On by w morzu nie przeżył.

Niedaleko od miejsca, w którym się zatrzymaliśmy, była właśnie rzeka, w której mieszkały hipopotamy. Przewodnik powiedział, że jest ich tam bardzo, bardzo dużo.

Wspaniale, pomyślałam i od razu wzięłam do ręki swój aparat. Zrobię im superzdjęcia i będę mogła zobaczyć, jak te ogromne ssaki żyją na wolności!

Na pewno wiesz o tym, że hipopotam to ssak, prawda? Pomimo że pływa w wodzie i spędza w niej większość dnia i nocy, jest ssakiem.

MALUTKI HIPOPOTAM PIJE MLEKO MAMY! DLATEGO JEST SSAKIEM.

Malutkie hipopotamy rodzą się w wodzie! Ale musi być to płytka woda, żeby maluch nie utonął. Hipopotamiątko tak lubi wodę, że potrafi nawet zanurkować i pić pod wodą mleko swojej mamy.

No więc wzięłam aparat, lornetkę, czapkę, plecak i już byłam gotowa do drogi. Wsiedliśmy do jeepa z podnoszonym dachem. To taki samochód, dzięki któremu można obserwować zwierzęta. Miał nas zawieźć nad rzekę. Podróż minęła szybko. Wyglądałam przez okno i patrzyłam na sawannę, która od wczoraj dużo się nie zmieniła...

Dojechaliśmy do rzeki. Wysiadłam i zauważyłam, że przy brzegu stoi łódka. Nie jest zbyt duża, ale ma daszek, który będzie chronił przed słońcem. Ma też silnik i kierownicę, więc w razie niebezpieczeństwa będzie można szybko odpłynąć. No i zbudowano ją z metalu, co oznacza, że jest solidna. Bo gdyby była drewniana, to chyba bym się trochę bała...

Przeczytałam, że w afrykańskich rzekach żyją nie tylko hipopotamy, ale też krokodyle! I to nie są kajmany, które widziałam w Ameryce Południowej na rzece Yacuma (pamiętasz tę przygodę z mojej pierwszej książki?). To są krokodyle, które potrafią upolować bardzo dużą ofiarę! Nawet antylopę gnu, która jest przecież wielka jak krowa, więc człowieka też bez problemu wciągnęłyby pod wodę!

Zaczęłam się zastanawiać, czy podchodzenie do brzegu rzeki w ogóle jest bezpieczne. Wyobraź sobie: jestem w Afryce, w sercu sawanny, i muszę podejść do brzegu nieznanej rzeki, w której czyhają krokodyle. A ty co byś zrobił? Podszedłbyś?

Muszę przyznać, że się trochę bałam. Przypomniałam sobie, jak poprzedniego dnia widziałam żyrafę, która nie wiedziała, czy może podejść do rzeki, aby się napić. Zastanawiała się długo, zanim uznała, że jest bezpieczna...

Przewodnik spojrzał na mnie i zauważył, że się obawiam.
– *Don't worry!* (Nie bój się!) – powiedział i podszedł do łodzi. Pokazał mi, którędy mam do niej wsiąść, aby było bezpiecznie. Posłuchałam przewodnika i przeszłam po dziobie łódki do środka.

JAK HIPOPOTAM SPRAWDZA, CO SIĘ DZIEJE NA POWIERZCHNI?

Pomimo że jest ogromy, wystawia tylko uszy, oczy i nos. I tak naprawdę wcale nie widać, jaki jest wielki! Bo reszta jego ciała jest pod wodą.

Usiadłam i spojrzałam na wodę. Była mętna. Koloru brązowego.

To na pewno przez muł na dnie, pomyślałam. To dla drapieżnika świetne miejsce na ukrycie się – przyszło mi jeszcze do głowy i poczułam, jak ciarki przechodzą mi po plecach.

Po chwili mogliśmy już ruszać. Przewodnik włączył silnik i zaczęliśmy płynąć wzdłuż rzeki. Po jednej stronie brzeg był płaski i piaszczysty. Po drugiej stronie ciągnęło się strome urwisko, które wpadało do rzeki. Było porośnięte drzewami i krzakami. Patrzyłam na lewo i prawo i wypatrywałam zwierząt.

Na razie nic nie widzę, pomyślałam i wyjęłam lornetkę.

– Hm... Zaraz was znajdę... No... No... Gdzie jesteście...? – mówiłam sama do siebie.

Nie musiałam długo czekać i patrzeć przez lornetkę. Zaraz z wody zaczęły się wynurzać łepki, i to tuż obok naszej łodzi. Jeden, drugi, trzeci, czwarty, piąty... dziesiąty...

– Ojej! – krzyknęłam. – Ile ich jest! I jakie są cudne! – dodałam.

Wiesz, co to było? Co mogło wystawiać głowę spod wody? To były hipopotamy! Patrzyły na nas, bardzo zaciekawione. Wystawiły nad wodę uszy, oczy i dziurki od nosa i przyglądały nam się uważnie. Na pewno zastanawiały się, co to za dziwne stworzenia się na nie patrzą, i nie wiedziały, jak bardzo się nimi zachwycamy!

Hipopotamy wynurzały główki, ale po chwili chowały je z powrotem pod wodę. Jakby bawiły się z nami w chowanego!

– Ej! Widzę was! – zawołałam.

Hipopotamy patrzyły na nas i wyglądały na bardzo spokojne i przyjazne zwierzęta. Nie bały się, tylko wystawiały główki nad wodę, zaciekawione.

– Jakie one są fajne! – powiedziałam. – Aż trudno uwierzyć, że mogą być tak niebezpieczne!

A wiesz, dlaczego hipopotam jest groźny?

Po pierwsze: jest bardzo ciężki. Może ważyć nawet 3000 kilogramów.

To tak dużo jak dwa średnie samochody! A jeśli przeliczyć wagę hipopotama na cukierki, to zobacz, jakby to wyglądało:

1 hipopotam = 3000 (trzy tysiące) kilogramów = 3 000 000 (trzy miliony) gramów

1 cukierek = 3 gramy

1 hipopotam = 1 000 000 (milion) cukierków!

Po drugie: ma bardzo ostre i długie kły, które mogą mierzyć nawet 30 centymetrów.

No i po trzecie: potrafi bardzo się zdenerwować i całą siłę i masę wykorzystać przeciwko swojej ofierze.

Patrzyłam na te ciekawskie zwierzątka i nie chciało mi się wierzyć, że potrafią być tak niebezpieczne. Zresztą one z reguły są roślinożerne, czyli jedzą głównie rośliny. Podobno naukowcy zaobserwowali też przypadki jedzenia mięsa przez hipopotamy, ale jest to bardzo rzadkie. W każdym

razie zawsze kiedy myślimy, że zwierzę jest roślinożerne, wydaje nam się, że jest łagodne, prawda? No ale tak do końca nie jest. Świetnym przykładem są właśnie hipopotamy.

Przypatrywałam się hipciom. Były naprawdę super. Robiłam im wiele, wiele zdjęć. W pewnym momencie zobaczyłam, jak po stromym zboczu idzie sobie do wody młody hipopotamek. Wiedziałam, że jest młody, bo był po prostu mniejszy niż inne. Wszedł do wody i zaczął sobie płynąć. Płynął tak chwilę. Nagle nas zauważył i wiesz, co zrobił? Tak się przestraszył, że z całych sił próbował jak najszybciej wydostać się na brzeg. A kiedy już wyszedł, biegł tak szybko, że prawie się przewrócił ;)

Hm… Wiedziałam, że hipopotamy potrafią czasem przestraszyć się człowieka! Ale nie przypuszczałam, że zobaczę to na własne oczy… W każdym razie i tak lepiej do nich nie podchodzić!

Przewodnik zaproponował, by popłynąć dalej. Włączył silnik i usiadł za kierownicą. Po chwili zaproponował mi, bym to ja pokierowała.

Ja? Zaczęłam się zastanawiać. Nie wiedziałam, czy dam radę… Ale postanowiłam spróbować. Podeszłam do przewodnika i złapałam za kierownicę. To była taka kierownica jak w samochodzie, wiesz? Tylko że płynęłam po afrykańskiej rzece.

– Ale super! – powiedziałam. Starałam się skupić, bo nie wiedziałam dokładnie, jak kierować tą łódką. Na szczęście

obok mnie stał przewodnik, który co jakiś czas mówił:
– *Right, right, right...* (Prawo, prawo, prawo), *left, left, left...* (lewo, lewo, lewo).

Dzięki niemu udało mi się płynąć pośrodku rzeki. Nie wiem, co by było, gdybym nagle wpadła na jakiś brzeg...

Oddałam już kierownicę przewodnikowi i obejrzałam się za siebie.

Z tyłu łodzi co jakiś czas wynurzał się hipopotam. Pojawiał się... i po chwili znikał... pojawiał się... i znikał... Ale wiesz, co było najdziwniejsze? Z każdym wynurzeniem był coraz bliżej nas.

– Ojej, on chyba nas goni! – zawołałam. – *We need to go faster!* (Musimy płynąć szybciej!) – powiedziałam do przewodnika, który przyspieszył i co jakiś czas oglądał się za siebie. Hipopotam płynął za nami! Tak naprawdę nie wiadomo, jakie on ma zamiary. Zanim nie zaatakuje, nie pokazuje kłów, nie warczy ani nie robi dziwnych groźnych min. Wiesz co? Jedna rzecz jest pewna. Nie zastanawiaj się, jakie ma zamiary! Jak goni cię hipopotam, to uciekaj!

Hipopotam płynął jeszcze za nami chwilkę, ale po kilku kolejnych wynurzeniach zrezygnował. Został daleko w tyle.

Chyba chciał nas przestraszyć i przepędzić, pomyślałam. Ale na szczęście przestał już nas gonić.

Płynęliśmy dalej. Ja wypatrywałam zwierząt. W pewnym momencie brzeg się zmienił w bardziej kamienisty. A na tych kamieniach wygrzewały się krokodyle. To były krokodyle nilowe!

Leżały w bezruchu i miały otwarte pyski, ale widać było, że patrzą na nas, bo ich oczy podążały za nami. Spotkałam już kiedyś krokodyle w Ameryce Południowej, kiedy byłam w Boliwii. Tylko że tam widziałam kajmany, które były trochę mniejsze niż krokodyle nilowe.

Krokodyle nilowe to jedne z największych krokodyli na świecie, wiesz? Mogą osiągnąć nawet 5 i pół metra długości. To tak, jakbyś zrobił pięć dużych kroków i jeden mały. Możesz sprawdzić, jak wielkie potrafią być te gady, i odmierzyć ich długość krokami w pokoju!

A pamiętasz z poprzedniej książki, dlaczego krokodyle mają czasami otwarte pyski, kiedy leżą? Opowiadałam ci, że to jest zaproszenie dla ptaków ;) Krokodyl nie ma przecież szczoteczki do zębów, więc wymyślił sobie, że jeśli

KROKODYL NILOWY

KROKODYL NILOWY MOŻE ŻYĆ BARDZO DŁUGO!

Naukowcy mówią, że nawet 100 lat. W dodatku jego zęby rosną przez cały czas. Gdy mu wypadnie jeden ząb, w jego miejsce wyrasta drugi. Nawet stuletni krokodyl może mieć nowe, zdrowe zęby!

będzie siedział w bezruchu z otwartym pyskiem, to przylecą ptaszki, które mu wydziobią resztki jedzenia. W ten sposób oczyszczą mu zęby. Przy okazji ptaszki zjedzą pijawki, które przyczepiły się do pyska, i inne pasożyty. Krokodyl oczywiście nie zje ptaszka, bo chce, żeby ten kiedyś wrócił i znowu wyczyścił mu ząbki. Ptaszki są więc jak krokodylowi dentyści!

Płynęłam i patrzyłam na krokodyle. Było ich bardzo dużo. Im dalej płynęliśmy, tym było ich coraz więcej! Leżąc w słońcu, wygrzewały się na kamieniach i na piachu.

Ciekawe, ile ich jest w wodzie, zastanowiłam się. Aż strach pomyśleć...

W pewnym momencie przewodnik skręcił łódką i podpłynął do brzegu. Powiedział, że można wysiąść i się przejść. Stanęłam na łódce i spojrzałam na brzeg. W pewnej chwili zauważyłam, że na piasku jest jakiś długi ślad... Było w nim coś odciśnięte.

– To był ślad krokodyla! – powiedziałam. – Musiał leżeć wcześniej na brzegu i wejść do wody!

Ślad był świeży. Zrozumiałam to, bo piasek w tym miejscu był jeszcze mokry. Czyli krokodyl musiał niedawno opuścić swoje legowisko!

Nieee... Nie będę schodzić z łódki na brzeg! Tu przecież przed chwilą leżał ogromny krokodyl, pomyślałam. Przecież on może być gdzieś blisko w wodzie i zaraz nas zaatakować! Trzeba być bardzo czujnym i nie ryzykować!

Nie zeszłam na brzeg, ale obserwowałam wodę. Widziałam, że w niektórych miejscach spod powierzchni wypływają bąbelki.

Tam na pewno coś jest, pomyślałam i przesiadłam się na środek łódki. Tutaj nic mnie nie dosięgnie!

Przewodnik ruszył i popłynęliśmy dalej. Pływałam po rzece jeszcze kilka godzin i przyglądałam się tym wszystkim pięknym dzikim zwierzętom. To niesamowite: móc obserwować je w ich naturalnym środowisku!

Mam nadzieję, że podobała ci się ta przygoda i kiedyś też pojedziesz na obserwację hipopotamów. Bo marzenia są po to, żeby je spełniać!

MOJA MYŚL PO OBSERWACJI HIPOPOTAMÓW:
Groźne są hipopotamy! A gdy gonią: uciekamy!

Jakie mam MARZENIA?

Chciałabym pojechać do Rio de Janeiro i zobaczyć piękne ptaki. Chciałabym otworzyć policję i szpital dla zwierząt, żeby je chronić i leczyć. Chciałabym też ratować zwierzęta zagrożone wyginięciem. Mam nadzieję, że kiedyś to zrealizuję ;)

Bo marzenia są po to, żeby się spełniały ;) Twoje też!

Nela

Burda NG Polska Sp. z o.o. Sp. Komandytowa
Licencjobiorca National Geographic Society
ul. Marynarska 15, 02-674 Warszawa

© Copyright for the edition branded National Geographic Society
© 2014 National Geographic. All rights reserved
© 2014 Copyright for the text Monika Ćwiek

Burda NG Polska Sp. z o.o. Sp. Komandytowa.
02-674 Warszawa, ul. Marynarska 15

Dział handlowy:
tel. (48) 22 360 38 38
fax (48) 22 360 38 49
Sprzedaż wysyłkowa:
Dział Obsługi Klienta, tel. (48) 22 360 37 77

Redakcja: Dorota Miller
Korekty: Zofia Smuga, Ewa Kosiba
Projekt graficzny: Maciej Szymanowicz
Redaktor prowadząca: Agnieszka Radzikowska
Redaktor techniczny: Mariusz Teler
Zdjęcia: archiwum prywatne, Shutterstock

ISBN : 978-83-7596-603-9

Wszelkie zapytania dotyczące Neli (w tym organizacji spotkań) prosimy kierować na adres: kontakt@pr8848.pl

Wszelkie prawa zastrzeżone. Reprodukowanie, kopiowanie w urządzeniach przetwarzania danych, odtwarzanie w jakiejkolwiek formie oraz wykorzystywanie w wystąpieniach publicznych – również częściowe – tylko za wyłącznym zezwoleniem właściciela praw autorskich.

www.burdaksiazki.pl

Spotkaj się z Nelą!

Wydawnictwo Burda Książki oraz Nela serdecznie zapraszają wszystkie dzieci i dorosłych na spotkania autorskie z Nelą organizowane w różnych miejscach w Polsce. Aby dowiedzieć się, gdzie i kiedy można się spotkać z Nelą, wejdź na stronę **www.facebook.com/podrozeneli** i kliknij w zakładkę „Wydarzenia".

Wszelkie zapytania dotyczące Neli (w tym organizacji spotkań) prosimy kierować na adres: **kontakt@pr8848.pl**